Hannah Frey

Clean Eating
Kochen mit Superfoods

Hannah **Frey**

Clean Eating
Kochen mit
Superfoods

Bewusst genießen **– besser** leben

**Mit über
80
Rezepten**

h.f.ullmann

Inhalt

Vorwort

Superfoods sind wortwörtlich in aller Munde. Die pflanzlichen Lebensmittel strotzen nur so vor Nährstoffen und sind deshalb besonders gesund – kein Wunder, dass sie perfekt zum „Clean Eating" passen! Bei diesem Ernährungskonzept geht es vor allem darum, möglichst natürliche und unverarbeitete Lebensmittel zu essen. Nachdem ich 2011 damit begonnen habe, mich clean zu ernähren, entdeckte ich nach und nach immer mehr Superfoods. Genau genommen waren einige der supergesunden Lebensmittel schon immer Bestandteil meiner Mahlzeiten: Aber während früher nur einheimische Superfoods wie Spinat, Brokkoli und Walnüsse auf meinem Teller landeten, traf ich in den letzten Jahren auch auf exotische Superfoods wie Chia-Samen, Gojibeeren und Quinoa. Ich liebe es, in der Küche mit verschiedenen Zutaten zu experimentieren und immer wieder neue, mir bis dahin unbekannte Lebensmittel und ihre positiven Auswirkungen auf die Gesundheit zu erkunden. All die pflanzlichen Lebensmittel, die ich Ihnen in diesem Buch ausführlich vorstelle, sind heute eine Bereicherung meines Clean-Eating-Speiseplans und aus meiner Küche nicht mehr wegzudenken – ich esse mindestens ein bis zwei verschiedene Superfoods pro Tag.

Die Lebensmittel mit dem Gesundheits-Plus können ohne viel Aufwand in die alltägliche Ernährung integriert werden, was mir besonders wichtig ist. In Zeiten, in denen die Anforderungen an uns hoch sind und wir Job, Familie, Freunde, Haushalt und Hobbys miteinander vereinbaren müssen, helfen uns Superfoods, neue Energie und Kraft zu tanken. Ich fühle mich durch den regelmäßigen Verzehr dieser besonderen Lebensmittel gesund und fit und spüre, dass ich meinem Körper damit etwas Gutes tue.

Meine Liebe zur gesunden Ernährung teile ich neben weiteren Rezepten und Gesundheitstipps mit einer stetig wachsenden Community auf meinem Blog www.projekt-gesund-leben.de und auf meinen Social-Media-Plattformen. Teilen Sie Ihre Erfahrungen mit den verschiedenen Superfoods unter #projektgesundleben mit mir.

Ihre Hannah Frey

Natürlich
frisch
einfach
gut

Clean Eating und Superfoods

C lean Eating ist ein langfristiges Ernährungskonzept, bei dem natürliche und möglichst unverarbeitete Lebensmittel im Mittelpunkt stehen. Dabei handelt es sich in erster Linie um pflanzliche Nahrung, die möglichst frisch, pur und vollwertig zubereitet wird. Weiter aufgewertet wird diese natürliche Kost durch die sogenannten Superfoods, die Nährstoffe wie Vitamine, Mineralstoffe und Antioxidantien in besonders hoher Konzentration enthalten. Als rein pflanzliche Lebensmittel sind Superfoods das Gegenteil von künstlichen Nahrungsergänzungsmitteln und industriell hergestellten Lebensmitteln wie Fast Food und Fertiggerichten – und passen damit perfekt ins Clean-Eating-Konzept. Sowohl die heimischen als auch die exotischen Superfoods sind eine großartige Bereicherung unserer Ernährung. Sie können unsere Gesundheit erhalten – und sind leicht in unseren alltäglichen Speiseplan zu integrieren.

Natürlich frisch **einfach** gut

Was sind **Superfoods?**

Wie „Clean Eating" wurde auch der Begriff „Superfoods" in den USA geprägt: Das Wort wird bereits seit Anfang des 20. Jahrhunderts verwendet, ist jedoch erst in den letzten Jahren populär geworden. Schon 1915 taucht der Begriff erstmals in dem Nachschlagewerk „Oxford Dictionary" auf, in dem Superfoods heute als Lebensmittel beschrieben werden, „von denen man annimmt, dass sie sich besonders positiv auf Gesundheit und Wohlbefinden auswirken und Krankheiten vorbeugen". Tatsächlich besitzen Superfoods als pflanzliche Lebensmittel von Natur aus außergewöhnlich große Mengen an Vitaminen, Mineralstoffen, Spurenelementen, Ballaststoffen, sekundären Pflanzenstoffen und Antioxidantien. Damit weisen sie eine überdurchschnittlich hohe Nährstoffdichte auf, die zur Qualitätsbestimmung eines Lebensmittels genutzt wird. Der Begriff Nährstoffdichte beschreibt das Verhältnis von essenziellen (lebensnotwendigen) Nährstoffen wie Vitaminen, Mineralstoffen und sekundären Pflanzenstoffen zum Kaloriengehalt. Lebensmittel mit einer hohen Nährstoffdichte liefern also viele Nährstoffe und besitzen gleichzeitig einen geringen Energiegehalt. Da der Energiebedarf in unserer Industriegesellschaft während der letzten Jahrzehnte abgenommen hat, der Bedarf an Nährstoffen jedoch gleich geblieben ist, sind Nahrungsmittel mit einer hohen Nährstoffdichte die erste Wahl für eine moderne gesunde Ernährung. Eine besonders hohe Nährstoffdichte besitzen Obst, Gemüse, Hülsenfrüchte, Vollkorn- und Milchprodukte sowie mageres Fleisch und Fisch. Diese Liste wird angeführt von pflanzlichen „Superfoods" mit ihrer außergewöhnlich hohen Nährstoffdichte.

Jeder Mensch profitiert von Superfoods – unabhängig von Gesundheitszustand, Ernährungsweise oder Alter. Egal, ob Fleischesser, Flexitarier, Vegetarier oder Veganer: Jeder tut gut daran, hochwertige Lebensmittel in seine Ernährung einzubeziehen. In bestimmten Lebensphasen ist die „Supernahrung" besonders sinnvoll: Gerade schwangere Frauen, junge Mütter, Kinder, Sportler und ältere Menschen profitieren von dem Gesundheits-Plus. Aber auch in allen anderen kräftezehrenden Zeiten spenden uns Superfoods neue Energie – sei es nach einer durchgestandenen Krankheit oder in stressigen Zeiten. Superfoods besitzen zahlreiche vorbeugende Wirkungen für unsere Gesundheit (siehe Seite 16ff.).

Exotische Superfoods wie Goji- und Maulbeeren sind hierzulande vor allem in getrockneter Form erhältlich.

Die Auswahl der Super-foods in diesem Buch

Einige der hier porträtierten heimischen Superfoods sind nicht neu für uns: Heidelbeeren, Grünkohl oder Spinat begleiten unsere Kulturgeschichte schon lange. Dennoch ist es höchst erstaunlich, was laut moderner Wissenschaft für ein Potenzial in ihnen steckt! Auch die exotischen Superfoods, die ich Ihnen in diesem Buch vorstelle, werden in ihren Ursprungsländern bereits seit Jahrtausenden angebaut und zählen dort zu den Grundnahrungsmitteln – finden aber erst langsam ihren Weg in unsere Küchen. Manche Superfoods werden sogar als traditionelle Heilmittel eingesetzt, beispielsweise Heidelbeeren und Kürbis. Gojibeeren oder Ingwer haben eine lange Geschichte in der Traditionellen Chinesischen Medizin (TCM), Chia-Samen und Quinoa waren bereits Grundnahrungs- und Stärkungsmittel der Maya und Azteken.

Weil heute vor allem exotische Lebensmittel wie Aroniabeeren oder Maca als Superfoods bezeichnet werden, kann der irreführende Eindruck entstehen, dass einheimische Lebensmittel weniger gesund seien – obwohl diese oft genauso reich an Nährstoffen sind wie ihre exotischen Pendants. Superfoods müssen also nicht vom anderen Enden der Welt kommen und viel Geld kosten – im Gegenteil! Auch hierzulande gibt es eine Vielzahl von pflanzlichen Lebensmitteln mit besonders hohem Nährstoffgehalt. Deswegen finden Sie in diesem Buch sowohl heimische als auch exotische Superfoods.

Die Auswahl der porträtierten Pflanzen stellt keinesfalls eine vollständige Liste aller Superfoods dar; vielmehr sind es meine persönlichen Favoriten. Daneben gibt es eine ganze Reihe weiterer Superfoods, beispielsweise Algen wie Spirulina und Chlorella, Moringa, Camu-Camu, Gersten- und Weizengras, Sanddorn oder Johannisbeeren. Hier stelle ich Ihnen die Superfoods vor, deren Gesundheitswert mich am meisten beeindruckt hat und mit denen ich am liebsten koche.

So ein Frühstück mit Chia-Samen, Banane, Heidelbeeren, Kokoschips, Cranberries und Nüssen gibt Power für den ganzen Tag!

Der ORAC-Wert

Was genau macht ein Lebensmittel neben der Nährstoffdichte (Seite 10) noch zum Superfood? Ein weiterer Anhaltspunkt zur Definition ist der sogenannte ORAC-Wert (Oxygen Radical Absorbance Capacity). Dieser gibt an, wie hoch die Konzentration der Antioxidantien in einem Lebensmittel ist: Je höher der ORAC-Wert und damit der Gehalt an Antioxidantien, desto gesünder soll das jeweilige Lebensmittel sein. Zur Übersicht und zum Vergleich liste ich im Folgenden die ORAC-Werte einiger Superfoods auf:

Lebensmittel	Ø ORAC-Wert (µmol TE/100 g)
Avocado	1933
Brokkoli, roh	3083
Brokkoli, gekocht	1552
Cranberries, roh	9584
Datteln (Medjool), frisch	2387
Heidelbeeren, frisch	6552
Ingwer, frisch	14840
Ingwer, gemahlen	29041
Kakaopulver, roh	80933
Spinat, roh	1515
Sprossen (Radieschen)	2184
Walnusskerne	13541

Quelle: U.S. Department of Agriculture, 2010

Getrocknete und pulverisierte Superfoods wie Açaí-Pulver, gemahlener Ingwer oder Kakaopulver haben in der Regel viel höhere ORAC-Werte als frische Lebensmittel wie Spinat oder Avocado. Bei ihnen liegen die Nährstoffe in komprimierter Form vor. Davon werden jedoch nur kleine Mengen gegessen, wohingegen man von frischen Lebensmitteln deutlich größere Mengen verzehrt. Der ORAC-Wert kann zudem je nach Pflanzensorte, Erntezeitpunkt und Reifezustand variieren. Je länger die pflanzlichen Lebensmittel beim Wachsen dem Sonnenlicht ausgesetzt sind, gegen dessen UV-Strahlen sie sich mit Antioxidantien schützen, desto mehr besitzen sie davon. Auch biologisch angebaute Lebensmittel haben bei Tests besser abgeschnitten und enthielten mehr Antioxidantien als konventionell angebautes Obst und Gemüse. So ergab eine Studie der University of California in Davis, die über einen Zeitraum von zehn Jahren angesetzt war, dass beispielsweise Bio-Tomaten doppelt so viele Flavonoide (Seite 20) enthielten wie konventionell angebaute Tomaten.
Die Empfehlungen, wie viele ORAC-Einheiten pro Tag mit der Nahrung aufgenommen werden sollten, variieren: Ernährungs-

Rohes Kakao-
pulver hat einen
besonders hohen
ORAC-Wert und
besitzt damit
wertvolle Anti-
oxidantien wie
Polyphenole.

wissenschaftler gehen heute davon aus, dass man mit einem Tagesbedarf von 5000 bis 7000 µmol TE/100 g seinen Körper vor den schädlichen freien Radikalen schützen kann. 7000 ORAC-Einheiten entsprechen beispielsweise etwa 107 g Heidelbeeren oder 52 g Walnüssen. Wie viele Superfoods genau benötigt werden, hängt vom individuellen Lebensstil des Einzelnen ab: Wer in der Stadt wohnt, ständig Lärm ausgesetzt ist und einen stressigen Job hat, benötigt beispielsweise mehr Nährstoffe als jemand, der auf dem Land lebt und eine ruhige Arbeit hat. Der ORAC-Wert ist jedoch ein Laborwert, der im Reagenzglas ermittelt wird und nicht im menschlichen Körper. Inwiefern die ORAC-Werte auf den menschlichen Körper übertragen werden können, ist wissenschaftlich noch nicht eindeutig geklärt.

Antioxidantien und freie Radikale

Beim Stoffwechsel entstehen im menschlichen Körper sogenannte freie Radikale. Sie sind grundsätzlich nützlich, unterstützen das Immunsystem und erhalten die Gesundheit – solange es
nicht zu viele werden. Dann wandelt sich ihre positive Wirkung
ins Gegenteil: Ob freie Radikale nutzen oder schaden, hängt also
von ihrer Anzahl ab. Es gibt verschiedene Faktoren, die dazu führen können, dass freie Radikale in unserem Körper überhand-
nehmen: eine einseitige, ungesunde Ernährung, Stress, Ängste,
Umwelteinflüsse wie UV-Strahlen, Abgase, Pestizide und Che-
mikalien, Schlafmangel, Medikamente, Alkohol, Zigaretten und
Drogen oder auch Extremsport. Der mit dem Übermaß an freien
Radikalen verbundene „oxidative Stress" kann schließlich be-
wirken, dass unsere Zellen angegriffen werden und die DNA ge-
schädigt wird. Das wird mitverantwortlich gemacht für den Alterungsprozess und die Lebenserwartung. Freie Radikale stehen
zudem im Verdacht, viele verschiedene Krankheiten wie Krebs,
Arteriosklerose, Arthritis, Diabetes und Alzheimer auszulösen.
Wirksam gegenüber den freien Radikalen sind die Antioxidantien; sie werden daher als Radikalfänger bezeichnet. Auch unser
körpereigenes Abwehrsystem kann Antioxidantien bilden und
sich so vor oxidativem Stress und Zellschädigungen schützen.
Zusätzlich beziehen wir hochwirksame Antioxidantien aus natürlichen Lebensmitteln. Da diese wichtigen Schutzstoffe besonders zahlreich in Superfoods vorkommen, haben sie eine
wichtige Bedeutung für unser Immunsystem und die Gesundheit. Demgegenüber zeigte sich in mehreren Studien, dass eine
hoch dosierte Einnahme künstlich hergestellter Vitamine bzw.
Antioxidantien gar keinen oder sogar gegenteilige Effekte auf
unsere Gesundheit hat! Das Motto „Viel hilft viel!" erwies sich bei
den besonders in den USA verbreiteten „Superpillen" als völlig
falsch. Dagegen können wir unsere Gesundheit mit natürlichen
Nährstoffen wirksam schützen. Das gelingt mit einer vielseitigen
und abwechslungsreichen Ernährung, die vor allem pflanzliche
Lebensmittel, und damit die Superfoods, mit einschließt.

Avocados liefern wichtige ungesättigte Fettsäu-
ren und punkten
wie Spinat mit
vielen Vitaminen
und Antioxidan-
tien.

Quellen von Antioxidantien

Die Schutzstoffe kommen vor allem in zahlreichen Obst- und
Gemüsearten, Früchten, Kräutern, essbaren Wildpflanzen, Nüssen, Samen und Fisch vor. Als Antioxidantien bezeichnet werden
die Vitamine A, C und E sowie sekundäre Pflanzenstoffe wie Carotinoide [Betacarotin] und die große Gruppe der Polyphenole,
darunter Anthocyane und Flavonoide.

Vitamine

Vitamine mit antioxidativer Wirkung sind die Vitamine A, C und E. Besonders viel **Vitamin C** liefern Gojibeeren [Seite 39], Brokkoli [Seite 111], Grünkohl [Seite 128], Spinat [Seite 97], Schwarze Johannisbeeren, Zitronen [Seite 125] und Wildfrüchte wie Hagebutten oder Sanddorn. Vitamin C ist als Antioxidans gegen freie Radikale wirksam. Es stimuliert das Immunsystem und stärkt Bindegewebe, Knochen, Blutgefäße und Zähne. Der Körper benötigt das Vitamin für zahlreiche Stoffwechselvorgänge, beispielsweise um Hormone auszuschütten. Zudem fördert Vitamin C die Aufnahme von Eisen und Kalzium im Darm. Ein weiteres „Zellschutzvitamin" ist **Vitamin E**; es kommt hauptsächlich in Pflanzenölen wie Leinöl [Seite 93], Weizenkeimöl und Sonnenblumenöl vor. Aber auch fettreiche Lebensmittel wie Avocados [Seite 72], Nüsse [Walnüsse, Seite 137] und Samen [Hanfsamen, Seite 141, und Chia-Samen, Seite 33] enthalten eine Menge Vitamin E, ebenso Fische wie Lachs, Makrele und Hering. Auch Vitamin E schützt unsere Körperzellen als Antioxidans. Es soll Ablagerungen in den Blutgefäßen entgegenwirken und Blutgerinnsel verhindern können – und damit vorbeugend gegen Thrombosen, Herzinfarkt, Arteriosklerose und Schlaganfall wirken. Auch für den Fettstoffwechsel ist es wichtig; zudem pflegt es Haut und Haare. Zu **Vitamin A** siehe unten: Betacarotin.

Ein Chia-Pudding [Rezept siehe Seite 32] mit Heidelbeeren und Vanille ist ein cleanes „Superfrühstück"!

Sekundäre **Pflanzenstoffe**

Sekundäre Pflanzenstoffe werden nach ihrer chemischen Struktur und der Funktion, die sie für die Pflanzen haben, in verschiedene Gruppen unterteilt, beispielsweise in Carotinoide, Flavonoide, Anthocyane, Sulfide, Phytosterine, Phenolsäuren und viele mehr. Entdeckt wurden Tausende verschiedener sekundärer Pflanzenstoffe, die in unserer Nahrung vorkommen. Sie besitzen ganz unterschiedliche Funktionen und kommen in jedem pflanzlichen Lebensmittel in einer anderen Zusammenstellung vor. Während primäre Pflanzenstoffe (Kohlenhydrate, Proteine und Fette) dem Aufbau und Erhalt der Pflanze dienen, sind die sekundären Pflanzenstoffe keinesfalls zweitrangig. Auch sie erfüllen lebenswichtige Funktionen: Als Farb- und Aromastoffe locken sie Bestäuber und Samenverbreiter an und sind damit für die Fortpflanzung grundlegend. Sie dienen auch zum Schutz vor Fressfeinden und Krankheitserregern, vor intensiver UV-Strahlung, schädlichen Klimaeinflüssen und vor freien Radikalen. Diesen Schutz nehmen wir mit auf, wenn wir die Pflanzen essen. Sekundäre Pflanzenstoffe finden sich in allen Obst- und Gemüsearten, Nüssen und Samen. Die Schutzstoffe haben sehr vielfältige positive Auswirkungen auf unsere Gesundheit: Laut aktueller

Forschung sollen sie die Entstehung von Krebs und Herz-Kreislauf-Erkrankungen hemmen und uns vor Arteriosklerose, Alzheimer und verschiedenen entzündlichen Prozessen schützen. Es wird angenommen, dass sie Cholesterinspiegel, Blutdruck und Blutzuckerspiegel positiv beeinflussen und Gefäßverstopfungen verhindern. Sekundäre Pflanzenstoffe stärken unsere Abwehrkräfte und können uns vor Infektionen mit Pilzen, Viren und Bakterien schützen.

Dabei weisen biologisch angebaute Pflanzen in der Regel höhere Werte an sekundären Pflanzenstoffen auf als konventionell erzeugte Lebensmittel – sie werden nicht mit Pflanzenschutzmitteln behandelt und sind weiterhin auf ihre eigenen, natürlichen Abwehrmechanismen angewiesen.

Eine wichtige Gruppe sekundärer Pflanzenstoffe sind die Carotinoide, zu denen bisher über 600 bekannte Stoffe zählen. Sie verfügen über lichtfilternde Eigenschaften, mit denen sie die Blätter der Pflanzen vor der schädlichen Wirkung der UV-Strahlen schützen. Es wird vermutet, dass sie auch beim Menschen für einen natürlichen Sonnenschutz sorgen, wenn ausreichend Carotinoide mit der Nahrung zugeführt werden. Betacarotin ist eines der bekanntesten Carotinoide und kommt meist als gelb-orange-roter Farbstoff in Kürbissen [Seite 107], Karotten und Gojibeeren [Seite 39] vor, aber auch weniger sichtbar in Heidelbeeren [Seite 51], Brokkoli [Seite 111], Spinat [Seite 97] und Grünkohl [Seite 128]. Nachdem Betacarotin mit der Nahrung aufgenommen wurde, wandelt es unser Körper in Vitamin A um. Als Antioxidans schützt es uns vor oxidativem Stress [siehe Seite 16]. Betacarotin soll das Risiko für Krebserkrankungen und Herz-Kreislauf-Erkrankungen senken und entzündungshemmend wirken. Unter anderem ist es auch wichtig für Immunsystem, Haut, Knochenwachstum und Sehvermögen. Insbesondere die Netzhaut ist auf Vitamin A angewiesen: Betacarotin wird daher auch als „Augen-Vitamin" bezeichnet.

Die Polyphenole zählen ebenfalls zu den sekundären Pflanzenstoffen und zeigen sich als Farb- oder Geschmacksstoffe in Obst und Gemüse. Sie schützen unsere Körperzellen vor den schädlichen Auswirkungen freier Radikale, wirken entzündungs- und krebshemmend. So empfiehlt die Gesellschaft für biologische Krebsabwehr (GfBK) beispielsweise eine Ernährung mit Granatapfel bei Brust- und Prostatakrebs. Auch vor Herz-Kreislauf-Erkrankungen bieten Polyphenole Schutz; zudem vermindern sie Fettablagerungen in den Blutgefäßen und beugen damit Arteriosklerose vor. Auch gegen Alzheimer wird eine präventive Wirkung angenommen. Lebensmittel mit einem besonders hohen Polyphenolgehalt sind beispielsweise Aroniabeeren [Seite 45], Granatäpfel [Seite 69] und roher Kakao [Seite 151]. Bekanntere Polyphenole sind die Anthocyane und Flavonoide. Anthocyane verleihen Obst und Gemüse eine intensive rote, violette bis blaue Farbe, vor allem in den Randschichten. Reichlich Anthocyane sind beispielsweise in Früchten wie Heidelbeeren [Seite 51], Aroniabeeren [Seite 45], Kirschen, Açaí-Beeren [Seite 55], Rotkohl oder Auberginen enthalten. Flavonoide sind wortwörtlich „Gelblinge" (flavus: gelb), da sie häufig – aber nicht immer – eine gelbe Farbe aufweisen. Sie färben Zwiebeln, Paprika und Orangen hellgelb bis orange und sorgen bei Rote Bete, Pflaumen und Trauben für die rote bis violette Farbe. Aber auch in Nüssen (Walnuss, Seite 137], Grünkohl [Seite 128], Brokkoli [Seite 111] und Äpfeln kommen die Pflanzenstoffe vor.

Bis zu 400 Kerne stecken in einem Granatapfel – ihre leuchtend rote Farbe kommt von den Anthocyanen.

Das **Clean-Eating**-Prinzip

Obwohl Superfoods sehr gesunde Lebensmittel sind, stellen sie keine Allheilmittel dar, die eine ungesunde Ernährung ausgleichen können. Fügt man einem zuckerhaltigen Fertigmüsli einige Chia-Samen oder Gojibeeren hinzu, wird dieses dadurch kaum aufgewertet. Auch können ein paar Hanfsamen keinen täglichen Fast-Food- oder Convenience-Konsum ausgleichen. Die beste Grundlage bildet dagegen eine natürliche, ausgewogene und abwechslungsreiche Ernährung ohne industriell hergestellte Lebensmittel – nach dem Clean-Eating-Prinzip:

Die fünf Grundregeln des Clean Eating

1. Essen Sie natürliche, möglichst unverarbeitete Lebensmittel

Natürliche, vollwertige und unverarbeitete Lebensmittel versorgen Sie optimal mit Vitaminen, Mineralstoffen, Spurenelementen, Ballaststoffen und Antioxidantien. Gestalten Sie Ihren Speiseplan ausgewogen, abwechslungsreich und vielfältig. Es spricht vieles dafür, dass sich unterschiedliche Nährstoffe gegenseitig in ihrer Wirkung verstärken: Je größer die Vielfalt auf Ihrem Teller ist, desto intensiver ist der gesundheitliche Nutzen. Bauen Sie die Superfoods regelmäßig und langfristig in Ihren Speiseplan ein. Nur dann können die Lebensmittel ihre volle Wirkkraft entfalten, und Sie profitieren optimal von den gesunden Inhaltsstoffen. Achten Sie im Rahmen des Clean-Eating-Konzepts darauf, Ihre Superfoods so unverarbeitet wie möglich zu essen. Vermeiden Sie Kapseln oder Pulver und wählen Sie – wann immer möglich – frische Lebensmittel. Insbesondere exotische Superfoods wie Maca [Seite 155], Kakao [Seite 151], Açaí-Beeren [Seite 55] oder Gojibeeren [Seite 39] sind hierzulande jedoch nur in getrockneter Form bzw. pulverisiert erhältlich. Achten Sie dabei auf Rohkostqualität; bei einer Erhitzung über 42 °C geht ein Teil der wertvollen Inhaltsstoffe verloren.
Auch bei der Zubereitung der Lebensmittel ist Vielfalt gefragt: Essen Sie ausreichend Obst und Gemüse, möglichst oft unerhitzt und rohköstlich. Bei vielen Obst- und Gemüsesorten sitzen die meisten Antioxidantien direkt unter der Schale. Deshalb sollten Sie die Früchte und das Gemüse nach Möglichkeit nicht schälen, sondern die Schale mitessen. Auch bei den meisten [Pseudo-]Getreidearten wie Amaranth [Seite 115] und Quinoa [Seite 87] sitzen die meisten Antioxidantien in den äußeren Schichten des Korns. Greifen Sie deshalb zu Produkten aus dem vollen Korn, bei dem die Randschichten erhalten sind. Bevorzugen Sie außerdem Kartoffeln und Hülsenfrüchte als pflanzliche Protein-

quelle. Sie enthalten allesamt komplexe Kohlenhydrate (siehe Punkt 5), die für eine langanhaltende Sättigung sorgen.

Nahrungsmittel, die nur „leere" Kalorien liefern, passen nicht ins Clean-Eating-Konzept. Meiden Sie deshalb Weißmehl und weißen Haushaltszucker und greifen Sie stattdessen zu Vollkornmehl und alternativen Süßungsmitteln wie Honig, Kokosblütenzucker, Datteln (Seite 159) oder anderen Trockenfrüchten, Ahornsirup, Apfel-, Birnen- und Agavendicksaft oder Rohrohrzucker. In diesen Süßungsmitteln sind immerhin in geringen Mengen Vitamine, Mineralstoffe und Spurenelemente enthalten. Zucker bleibt dennoch Zucker: Verwenden Sie auch die alternativen Süßungsmittel sparsam.

Dosieren Sie auch Salz zurückhaltend und nutzen Sie stattdessen mehr frische Kräuter, die Sie mit wertvollen Nährstoffen versorgen und den Speisen ein besonderes Aroma verleihen.

Verzehren Sie überwiegend ungesättigte Fette: Greifen Sie zu kalt gepressten und unraffinierten Ölen wie Leinöl (Seite 93), Walnussöl oder Olivenöl und zu Nüssen (Walnuss, Seite 137) und Avocados (Seite 72). Nahrungsmittel, die künstlich gehärtete Transfette enthalten, sollten Sie dagegen meiden. Sie finden sich in Fast Food wie Pommes und Bratwurst, industriell hergestellten Tiefkühlgerichten, Kartoffelchips, Fertigbackwaren wie Croissants oder Berlinern, Speiseeis, Billig-Schokolade und vielen weiteren industriell gefertigten Nahrungsmitteln. Transfette erhöhen deutlich das Risiko, an Herz-Kreislauf-Erkrankungen, Stoffwechselstörungen, Diabetes oder Depressionen zu erkranken. In Dänemark, Österreich, Ungarn, Island, Norwegen und der Schweiz sind Transfette bereits nahezu gänzlich verboten; auch in den USA soll die Produktion in den nächsten drei Jahren entsprechend umgestellt werden.

2. Lesen und prüfen Sie die Zutatenlisten auf den Verpackungen der Nahrungsmittel

Industriell hergestellte Nahrungsmittel wie Fast Food und Fertiggerichte passen nicht ins Clean-Eating-Konzept. Einige wenig verarbeitete Nahrungsmittel wie Nudeln oder Joghurt sind dennoch geeignet. Achten Sie beim Einkaufen jedoch immer auf die Zutatenliste und prüfen Sie, ob dem Nahrungsmittel Zusatzstoffe wie Geschmacksverstärker, Farb- oder Aromastoffe, Konservierungsmittel oder künstliche Süßstoffe zugesetzt wurden. Häufig finden Sie in Bioläden Lebensmittel, die besser ins Clean-Eating-Konzept passen als ihre Pendants aus dem Supermarkt. So sind beispielsweise Balsamico oder Senf im Bioladen auch ohne zugesetzten Zucker, Farb- und Konservierungsstoffe erhältlich – im Supermarkt dagegen nur selten. Was zugesetzten Zucker betrifft, beispielsweise bei Cranberries, Balsamico oder pflanzlicher Milch, sind ungesüßte Produkte die bessere Wahl. Die zugesetzten Mengen überschreiten schnell ein gesundes Maß. Auch ich verwende beim Kochen und Backen Süßungsmittel – aber in einer selbst gewählten Art und Menge. Achten Sie auch in Bioläden und Reformhäusern immer auf die Zutatenliste. Je mehr Zutaten auf der Verpackung stehen, desto intensiver wurde das Nahrungsmittel verarbeitet – und umso wahrscheinlicher ist es, dass es nicht clean ist. Meiden Sie grundsätzlich alle Inhaltsstoffe, die Sie nicht kennen oder die Sie nicht aussprechen können.

3. Frühstücken Sie jeden Tag

Ein leckeres und gesundes Frühstück ist ein wichtiger Bestandteil des Clean-Eating-Konzepts und die beste Basis für einen gesunden Start in den Tag. Lassen Sie das Frühstück nicht ausfallen – auch wenn Sie morgens wenig Zeit haben. Schnelle, gesunde Frühstücksideen finden Sie ab Seite 29, einige davon können Sie auch schon abends für den nächsten Morgen vorbereiten.

4. Trinken Sie zwei bis drei Liter Wasser oder Tee pro Tag

Trinken Sie mindestens zwei bis drei Liter Wasser oder ungesüßten Tee pro Tag. Limonaden, Fruchtsäfte, „Energydrinks" und „Light"-Getränke jeglicher Art passen dagegen nicht ins Clean-Eating-Konzept. Kaffee kann in Maßen getrunken werden – zwei bis drei Tassen pro Tag sind kein Problem. Probieren Sie alternativ einen Matcha-Tee, einen Matcha-Latte (Seite 49) oder einen Carob-Kakao (Seite 165). So können Sie Superfoods auch trinken. Alkohol sollte dagegen möglichst gemieden und nur zu besonderen Anlässen genossen werden.

5. Essen Sie jeden Tag fünf kleine Mahlzeiten und achten Sie auf die Portionsgrößen

Neben den drei Hauptmahlzeiten – Frühstück, Mittagessen und Abendessen – stehen zwei kleine Snacks auf dem Clean-Eating-Speiseplan. Greifen Sie bei den Zwischenmahlzeiten zu gesunden Lebensmitteln, beispielsweise einer Handvoll Walnusskernen, einigen Goji- oder Heidelbeeren. Wer häufiger kleine Mahlzeiten isst, vermeidet eine starke Insulinausschüttung nach dem Essen und beugt so Heißhungerattacken vor. Empfehlenswert ist eine Ernährung mit komplexen Kohlenhydraten, die in Gemüse, Obst, Vollkornprodukten und Hülsenfrüchten zu finden sind. Lebensmittel mit komplexen Kohlenhydraten haben eine hohe Nährstoffdichte (siehe Seite 10) und sorgen für einen stabilen Blutzuckerspiegel, was eine dauerhafte Sättigung bewirkt – im Gegensatz zu Weißmehl und Süßigkeiten. In Kombination mit den Proteinen aus den oben genannten empfehlenswerten Lebensmitteln sowie aus Nüssen und Samen (z. B. Chia-Samen oder Haferflocken) hält die Sättigung besonders lange an.

Weitere Informationen zum Clean-Eating-Konzept finden Sie in meinem Buch „Clean Eating. Natürlich kochen".

Globalisierung sinnvoll nutzen

Manche Superfoods sind aufgrund der langen Transportwege hierzulande nur in Pulverform erhältlich, beispielsweise die Açaí-Beere [Seite 55], Carob [Seite 165], Maca [Seite 155] oder Kakao [Seite 151]. Grundsätzlich gilt beim Clean Eating der Grundsatz, dass so natürlich, regional und saisonal wie möglich eingekauft und gegessen werden soll. Einheimische Superfoods wie Spinat oder Kürbisse haben den Vorteil, dass sie zur Saison in jedem Supermarkt erhältlich sind und keine langen Transportwege hinter sich haben. Ich selbst handhabe es so, dass ich regionale und saisonale Lebensmittel bevorzuge und beispielsweise keine aus Neuseeland importierten Bio-Äpfel oder Kartoffeln kaufe. Superfoods, die ich nicht aus der Region beziehen kann, kaufe ich als Importware aus den jeweiligen Ländern, oft in getrockneter oder pulverisierter Form. Mir persönlich macht es viel Spaß, neue Lebensmittel auszuprobieren und mit exotischen Superfoods zu experimentieren. So habe ich für mich entschieden, die Globalisierung an dieser Stelle sinnvoll zu nutzen und die altbewährten Lebensmittel fremder Kulturen in meinen Speiseplan zu integrieren. Aber natürlich entscheiden Sie für sich selbst, ob Sie nur heimische Superfoods beziehen oder auch zu exotischen Lebensmitteln greifen.

Superfoods einkaufen

Vielleicht stoßen Sie hier im Buch auf Lebensmittel, die Sie bisher nicht kannten und die Sie noch nie in einem Supermarkt gesehen haben. Die meisten Superfoods finden Sie in Bioläden, Naturkostläden und Reformhäusern. Aufgrund der steigenden Nachfrage bieten aber auch immer mehr Supermärkte und sogar Discounter Superfoods an. Zudem erhalten Sie in diversen Online-Shops eine große Bandbreite. Gerade bei importierten Produkten werden jedoch immer wieder Pestizide und andere Rückstände gefunden. Greifen Sie daher zu qualitativ hochwertigen Lebensmitteln und wählen Sie möglichst rohköstliche Bio-Ware von verlässlichen Produzenten. Wer ganz sichergehen will, dass seine Superfoods rückstandsfrei sind, kann manche Exoten sogar selbst anbauen: Gojibeeren oder Maca beispielsweise gedeihen auch hierzulande gut.

Zu den in den Rezepten farblich hervorgehoben Superfoods finden Sie im Buch ausführliche Porträts [Seitenzahlen siehe Register auf Seite 166].

kapitel 2
Frühstück

U m gut in den Tag zu starten, brauchen Sie ein gesundes Frühstück, das Ihnen genügend Energie für den Tag schenkt. Chia-Samen, Nüsse und Beeren sorgen in der ersten und wichtigsten Mahlzeit des Tages für ein leckeres Gesundheits-Plus. Ein Matcha-Tee wirkt belebend und ist ein gesunder Wachmacher. Wenn es morgens schnell gehen muss, greifen Sie zu einem leckeren Smoothie – oder Sie bereiten am Vorabend die Overnight Oats Schoko-Himbeere oder einen Quinoa-Pudding zu. Sie frühstücken lieber ausgiebig und ganz in Ruhe? Dann backen Sie doch ein herzhaftes Kürbisbrot mit gerösteten Hanfsamen oder knusprige Walnussbrötchen mit Kamutvollkornmehl. Dazu passt eine fruchtige, zuckerfreie Chia-Marmelade mit Brombeeren oder ein selbst gemachter Avocado-Aufstrich – Clean Eating pur!

Natürlich
frisch
einfach
gut

Brötchen mit Nüssen und Beeren

Für 6–12 Stück

2 EL Mandeln
2 EL **Walnuss-
kerne**
150 g Kamutvoll-
kornmehl
100 g Roggen-
vollkornmehl
1/2 Päckchen
Backhefe (ca.
3 g)
1 EL **Chia-Samen**
1 EL Sonnen-
blumenkerne
40 g getrock-
nete, ungesüßte
Cranberries
Salz

■ Mandeln und Walnusskerne grob hacken. Mit Kamut- und Roggenvollkornmehl, Backhefe, Chia-Samen, Sonnenblumenkernen, Cranberries und 1/4 l lauwarmem Wasser in eine große Schüssel geben. Mit den Knethaken eines Handrührgeräts vermengen und zuletzt das Salz untermischen.

■ Den Teig zugedeckt mindestens 30 Minuten oder über Nacht gehen lassen.

■ Aus dem Teig 6 größere oder 12 kleinere Brötchen formen und auf einem mit Backpapier ausgelegten Backblech verteilen. Bei 220 °C Umluft ohne Vorheizen ca. 20 Minuten backen.

Tipp

Zu den Brötchen passen sowohl süße als auch herzhafte Aufstriche. Ich mag dazu sehr gern meine Chia-Marmelade mit Brombeeren. Für den Teig können Sie auch andere Mehlsorten verwenden, beispielsweise 250 g Dinkelvollkornmehl.

Chia-Marmelade mit Brombeeren

Für ca. 1/4 l

200 g Brom-
beeren
2 EL **Chia-Samen**

■ Die Brombeeren verlesen, bei Bedarf kurz abbrausen, abtropfen lassen und pürieren oder mixen. Die Chia-Samen mit einem Löffel unterrühren und die Marmelade mindestens 30 Minuten im Kühlschrank quellen lassen.

Info
Diese cleane Marmelade ohne Zucker können Sie mit jeder beliebigen Obstsorte herstellen. Sie hält sich gut verschlossen bis zu 1 Woche im Kühlschrank. Wer mag, gibt noch 1 EL Dattel-, Reis- oder Kokosblütensirup dazu. Die Marmelade schmeckt auch zu Pancakes [Seite 42], in Joghurt, Overnight Oats [Seite 52] oder Müsli.

Chia-Pudding mit Kokosmilch und Mango

Für 2 Portionen

400 ml **Kokosmilch**
2 EL **Chia-Samen**
1 Mango
4 Physalis
1 EL **Kokosraspeln** zum Garnieren

■ Die Kokosmilch mit 1 EL Chia-Samen verrühren und beiseite-stellen. Die Mango schälen, das Fruchtfleisch vom Kern schnei-den und grob würfeln. Die Physalis von den Blättern befreien.

■ Die Mangostücke mit den Physalis, 1 EL Chia-Samen und 20 ml Wasser pürieren oder mixen. Zuerst den Kokosmilch-Pud-ding auf 2 Gläser oder Schälchen verteilen, dann den Mango-Physalis-Pudding darübergeben.

■ Mindestens 30 Minuten im Kühlschrank ruhen lassen. Mit Ko-kosraspeln garnieren.

Tipp

Weil die Samen für den Pudding mindestens eine halbe Stunde quellen sollten, lässt sich dieses Frühstück gut am Vorabend zubereiten. Bei Zeitnot die Chia-Samen nur 10 bis 15 Minuten quellen lassen; der Pudding ist dann etwas weniger fest.

Im Porträt: **Chia-Samen**

Klein, aber oho: Chia-Samen stammen aus Mexiko und waren schon vor mehreren tausend Jahren ein Grundnahrungs- und Stärkungsmittel der Maya und Azteken. Dennoch stuft die Europäische Behörde für Lebensmittelsicherheit (EFSA) Chia-Samen als „neuartiges Lebensmittel" ein und empfiehlt eine maximale Verzehrmenge von 15 g pro Tag (etwa 1 gehäufter Esslöffel). In Europa sind Chia-Samen erst seit wenigen Jahren bekannt; als Superfood haben sie in kürzester Zeit Karriere gemacht. Die winzigen schwarzen oder weißen Samen kommen von mehreren Salbei-Arten (v. a. *Salvia hispanica*). Aufgrund ihres hohen Anteils an Antioxidantien schützen die „Anti-Aging-Samen" unsere Zellen vor freien Radikalen, was zahlreichen Zivilisationskrankheiten vorbeugen kann. Der hohe Wert an Ballaststoffen fördert die Verdauung und wirkt entgiftend. Gibt man Flüssigkeit zu den Samen und lässt sie quellen, werden sie zum „Chia-Gel". Ihre schleimige Polysaccharid-Schicht sorgt für eine lang anhaltende Sättigung und beugt Heißhunger vor. Nicht zuletzt besitzen Chia-Samen einen hohen Gehalt an Omega-3-Fettsäuren. Bei regelmäßigem Verzehr lassen sich damit Cholesterinspiegel, Blutdruck und Blutfettwerte senken. Ihr hoher Proteingehalt schenkt Energie und unterstützt den Muskelaufbau. Dazu kommen Mineralstoffe wie Kalzium, Kalium, Eisen und Magnesium – Chia-Samen sind großartige kleine Kraftpakete! Das verrät auch schon der Name: „Chia" stammt aus der Sprache der Azteken (Nahuatl) und bedeutet „Kraft".

Eine heimische Alternative sind Leinsamen. Sie sorgen ebenfalls für eine bessere Verdauung – ohne lange Transportwege hinter sich zu haben. Chia-Samen besitzen allerdings mehr Antioxidantien und Omega-3-Fettsäuren. Die Polysaccharidschicht der Leinsamen sitzt nicht außen auf den Samen, sondern in den Schalen. Sie sollten deshalb vor dem Verzehr geschrotet bzw. gemörsert werden – nur so kann der Körper die Nährstoffe ganz verwerten (siehe auch Leinöl, Seite 93).

Verwendung

Chia-Samen sind geschmacksneutral und werden sowohl für süße als auch für herzhafte Gerichte vielfältig verwendet: im Müsli, Joghurt, Porridge oder in Overnight Oats (Seite 52), als Chia-Pudding (Seite 32) oder in Smoothies. Auch zum Garnieren von Salat (Seite 67) und zum Backen eignen sie sich. Chia-Marmelade (Seite 30) ist in kurzer Zeit ohne Zucker oder Erhitzen hergestellt. In Soßen und Suppen wird Chia als Verdickungsmittel verwendet (Kürbissuppe mit Chia, Seite 106). Für ein **Chia-Gel** zum Verdicken (z. B. von Smoothies oder Desserts) die ganzen, gemahlenen oder im Mörser zerstoßenen Samen in der sechs- bis zehnfachen Menge mit Wasser oder (Soja-) Milch verrühren und im Kühlschrank mindestens 30 Minuten quellen lassen. Als **Ei-Ersatz** rechnet man pro Ei mit 1 EL Chia-Samen auf 3 EL Wasser.

Erdbeer-Schoko-Smoothie
mit Maca

**Für 2 Portionen
(ca. 1/2 l)**

150 g Erdbeeren
1 Banane
1 Msp. Vanillepulver oder -mark
1 TL **Maca-Pulver**
200 ml ungesüßte Mandelmilch
1 EL **Kakao-Nibs**

■ Die Erdbeeren unter fließendem Wasser waschen und abtropfen lassen. Die Stielansätze entfernen und die Erdbeeren halbieren.

■ Die Banane schälen und in Stücke schneiden. Zusammen mit den Erdbeeren, der Vanille, Maca und Mandelmilch in den Mixer geben und pürieren.

■ Den Smoothie in 2 großen Trinkgläsern anrichten und mit den Kakao-Nibs garnieren.

Tipp

Außerhalb der Erdbeersaison verwende ich gerne tiefgekühlte Erdbeeren. Für gefrorenes Obst ist allerdings ein leistungsstarker Mixer nötig. Den Smoothie kann man dann löffeln.

Müsli-Smoothie

**Für 2 Portionen
(ca. 1/2 l)**

1 kleiner Apfel
50 g frische Beeren, auch gemischt
2 EL **Walnusskerne**

■ Den Apfel waschen, vierteln, entkernen und in Stücke schneiden. Die Beeren bei Bedarf kurz abbrausen und abtropfen lassen. Die Walnusskerne grob hacken.

■ Alle Zutaten in den Mixer geben und pürieren. Den Smoothie auf 2 große Trinkgläser verteilen.

■ Nach Geschmack mit Haferflocken oder Nüssen garnieren und einen Löffel dazu reichen.

Info
Durch die Haferflocken und die Walnüsse ist der Müsli-Smoothie besonders sättigend und nährstoffreich. Neben Vitaminen und Kohlenhydraten sind durch die Walnüsse auch gesunde Fette enthalten. Außerhalb der Beeren-Saison können auch andere Obstsorten oder tiefgekühlte Beeren verwendet werden. Wenn Sie weniger Hafermilch oder mehr Vollkorn-Haferflocken nehmen, können Sie dieses Frühstück auch löffeln.

4 EL Vollkorn-Haferflocken
350 ml ungesüßte Hafermilch
Vollkorn-Haferflocken oder Nüsse zum Garnieren

Grünkohl-Smoothie
mit Ananas

Für 2 Portionen (ca. 1/2 l)

1 Handvoll **Grünkohl** (ca. 75 g)
1/2 Banane
1 Scheibe Ananas (ca. 50 g)

■ Die Grünkohlblätter von Stielen und harten Blattrippen befreien, waschen, abtropfen lassen und grob hacken.

■ Die Banane schälen und klein schneiden. Die Ananas ebenfalls zerkleinern.

■ Alle Zutaten und 300 ml Wasser in einen Mixer geben und pürieren. Den Smoothie in 2 großen Trinkgläsern anrichten.

Tipp

Auch Blattspinat anstelle von Kohl eignet sich. Kokoswasser statt Wasser ergibt ein besonders feines Aroma.

Weißer Smoothie

Für 2 Portionen (ca. 1/2 l)

1 reife Banane
1 TL **Maca-Pulver**
1 EL geschälte **Hanfsamen**

■ Die Banane schälen und klein schneiden. Mit dem Maca, den Hanfsamen, dem Kokosöl und der Kokosmilch pürieren oder mixen. Auf 2 Trinkgläser verteilen und mit den Kokosraspeln garnieren.

Info
Eine cleane Kokosmilch sollte nur aus Kokosnuss und Wasser bestehen. Um sie selbst zu machen, die frischen Kokosnussstücke mit dem Kokoswasser in einen Mixer geben. Auch getrocknete Kokosraspeln lassen sich dazu verwenden: einfach im Mixer mit der doppelten bis vierfachen Menge an kochendem Wasser übergießen. Dann pürieren, etwa 15 Minuten ruhen lassen und durch ein Haarsieb oder ein Tuch absieben. Bei frischen Kokosnüssen können die festen Bestandteile nach Geschmack in der Milch belassen werden. Die selbst gemachte Kokosmilch lässt sich gut verschlossen etwa 2 Tage im Kühlschrank aufbewahren.

1 EL **Kokosöl**
350 ml **Kokosmilch** oder **Kokoswasser** (siehe Hinweis)
Kokosraspeln zum Garnieren

Im Porträt: **Gojibeere**

In China, dem Hauptanbaugebiet der Gojibeere, ist die süßsaure Beerenfrucht seit Jahrtausenden eine beliebte Zutat für zahlreiche Gerichte. In der traditionellen chinesischen Medizin (TCM) ist die „Anti-Aging-Beere" eines der wichtigsten Mittel für Gesundheit, Leistungskraft und Vitalität. Zu den zahlreichen traditionellen Anwendungsgebieten gehören Bluthochdruck, Augenerkrankungen, Erschöpfungszustände, Tinnitus, Schwindel und ein geschwächtes Immunsystem. Gojibeeren gelten als elementares Stärkungsmittel für den gesamten Organismus. Auch die Leberfunktion sowie das Blut- und Hautbild sollen sie verbessern. Bei uns sind Inhaltsstoffe und medizinische Wirksamkeit umstritten und wissenschaftlich nicht belegt. Aktuell beschäftigen sich zahlreiche Untersuchungen weltweit mit der „Wunderbeere". So soll die „nährstoffreichste Frucht der Welt" 21 wichtige Mineralstoffe und Spurenelemente enthalten, 19 Aminosäuren, sehr viele Antioxidantien und essenzielle Fettsäuren. Sicher ist, dass die Beeren einen hohen Gehalt an Vitamin A (Betacarotin), C, E und B-Vitamine sowie überaus viele verschiedene Antioxidantien besitzen. Aufgrund ihrer vielfältigen und vorbeugenden Wirkungen für unsere Gesundheit zählen sie heute zu unseren Superfoods.

Mehrere Untersuchungen fanden allerdings heraus, dass Gojibeeren oft mit Pestiziden belastet sind. Der Bio-Anbau ist bisher in China kaum verbreitet; einem Bio-Siegel kann man bei Gojibeeren leider nicht uneingeschränkt vertrauen. Beim Einkauf gilt es daher, ganz besonders auf vertrauenswürdige Qualität zu achten.

Gojibeeren lassen sich auch gut im eigenen Garten anbauen. Für die großen Büsche ist allerdings etwas Platz nötig. Sie sind pflegeleicht, frosthart und werden schon lange in Europa kultiviert – meist als Zierstrauch oder Bodenbefestiger an Autobahnen und Böschungen. Bei uns heißen die Pflanzen Gemeiner Bocksdorn (*Lycium barbarum*), die Früchte „Wolfsbeeren". Erst seit dem Goji-Boom finden sie hierzulande Beachtung.

Achtung: Das Bundesinstitut für Arzneimittel und Medizinprodukte warnt vor einer gefährlichen Wechselwirkung von Gojibeeren mit blutverdünnenden, gerinnungshemmenden Medikamenten und einem damit verbundenen erhöhten Risiko für Blutungen.

Verwendung

Neben der Verwendung als Saft finden getrocknete Gojibeeren ihren Weg ins Müsli, in Nussmischungen, Joghurt oder Smoothies. Außerdem schmecken die säuerlichen Früchte in Backwaren und als Topping von Salaten, süßen Desserts oder Frühstücksgerichten (Bananensplit, Seite 149, oder Superfruit-Proats, Seite 43). Sie passen weiterhin zu Wild-, Geflügel- und Reisgerichten. Auch als Marmelade und Früchtetee wird die Gojibeere verkauft.

Kokos-Himbeer-Smoothie

Für 2 Portionen (ca. 1/2 l)

150 g Himbeeren
300 ml **Kokosmilch**
1 TL **Kokosöl**
1 TL **Maca-Pulver**
20 g Vollkorn-Haferflocken
1 Msp. Vanillepulver oder -mark
Kokosraspeln zum Garnieren

■ Die Himbeeren kurz abbrausen und abtropfen lassen. Die Kokosmilch mit dem Kokosöl, Maca, Haferflocken, Vanille und den Himbeeren pürieren oder mixen.

■ Auf 2 Trinkgläser verteilen und mit den Kokosraspeln garnieren.

Im Porträt: **Kokosnuss**

Kokoswasser hat sich in den USA als Trendgetränk etabliert und ist auch bei uns stark im Kommen. Es steckt im Inneren junger, grüner Kokosnüsse (*Cocos nucifera*) und ist überaus reich an Mineralstoffen, insbesondere an Magnesium, Kalium, Phosphor, Selen, Kalzium und Eisen. Es ist von Natur aus isotonisch und ähnelt in der Zusammensetzung unserem Blutplasma. Als kalorienarmer Isodrink sorgt Kokoswasser für eine optimale Versorgung mit Flüssigkeit. Es wird auch vermischt mit anderen Säften, Extrakten oder Konzentraten angeboten: Die beste Qualität steckt jedoch im puren Kokoswasser!

Ähnlich ist es bei der **Kokosmilch**: Achten Sie darauf, dass diese nur aus Kokos und Wasser besteht. Kokosmilch ist mit Wasser versetztes, gepresstes und gefiltertes **Fruchtfleisch**. Dieser Energielieferant ist besonders nahrhaft, enthält viele Ballaststoffe und besteht zu etwa einem Drittel aus Fett, dem **Kokosöl**. Trotz seines hohen Anteils an gesättigten Fettsäuren ist das Öl sehr gesund. Es besitzt etwa 45 % Laurinsäure, die den HDL-Wert (das „gute Cholesterin") erhöht. Das leicht verdauliche Kokosfett kann vom Körper sehr gut in Energie umgewandelt werden, ohne dass es zu einer Gewichtszunahme kommt. Zudem unterstützt es die Abwehr von Bakterien, Viren, Pilzen und Parasiten; das Immunsystem wird gestärkt. In der aktuellen Diskussion sind weitere Anwendungsgebiete wie Herz-Kreislauf-Erkrankungen, Diabetes und Erschöpfungszustände sowie die Kräftigung von Zähnen,

Knochen, Haut und Haaren. Ein ausgewogener Speiseplan besteht aus Kokosöl im Wechsel mit anderen Ölen, die ungesättigte Fettsäuren besitzen. Kokosöl sollte immer in kalt gepresster Bio-Qualität verwendet werden, um die gefährlichen Transfette (Seite 23) zu vermeiden.

Auch **Kokosmehl** wird aus dem Fruchtfleisch der Kokosnuss hergestellt. Es ist sehr ballaststoff- und eiweißreich, verdauungsfördernd, kohlenhydratarm und wohlschmeckend (siehe unten).

Verwendung

Frisches Kokosfleisch schmeckt pur als Snack, in Obstsalaten, Joghurt und Desserts. Kokosmilch wird gern für Currys, Suppen und Soßen verwendet, passt aber auch hervorragend in Desserts (Chia-Pudding mit Kokosmilch und Mango, Seite 32). Kokoswasser und Kokosmilch machen sich gut in Smoothies und anderen Getränken (Kokos-Himbeer-Smoothie, Seite 40, und Weißer Smoothie, Seite 37). Kokosöl ist sehr hitzestabil (bis 200 °C) und damit ein ideales Back-, Brat- und Frittierfett. Kokosmehl bindet Suppen und Soßen. Da es kein Gluten (Klebereiweiß) aufweist, können Sie Getreidemehle damit bei vielen Back-Rezepten lediglich zu einem Drittel ersetzen. Da Kokosmehl viel Flüssigkeit aufnimmt, braucht man davon vergleichsweise deutlich mehr. Das Mehl hat einen sehr feinen, süßlichen Geschmack.

Pancakes mit Heidelbeer-joghurt und Aronia

Für 2 Portionen

200 g Dinkelvoll-
kornmehl
450 g griechi-
scher Joghurt
oder Soja-
Joghurt
Salz
1 EL Kokosblüten-
sirup
100 g frische
Heidelbeeren
2 EL getrocknete
Aroniabeeren
Kokosöl zum
Ausbacken
Aronia- oder
Heidelbeeren
zum Garnieren

■ Am Vorabend das Mehl mit 300 g Joghurt, Salz und Kokos-blütensirup mit den Händen zu einem festen Teig verkneten. Abgedeckt mindestens 5 bis 6 Stunden im Kühlschrank ruhen lassen.

■ Am nächsten Morgen die restlichen 150 g Joghurt mit den gewaschenen und abgetropften Heidelbeeren pürieren. Die Aroniabeeren unterheben.

■ Das Kokosöl in einer Pfanne erhitzen. Den Teig in 4 gleich gro-ße Portionen teilen. Die Pancakes mit den Händen vorformen und nacheinander in die Pfanne geben, mit einem Esslöffel glatt streichen (Dicke etwa 0,7 cm). Jeweils von beiden Seiten gold-braun ausbacken. Auf Tellern anrichten und das Beerenjoghurt darüber verteilen. Mit Aronia- oder Heidelbeeren garnieren.

Rote Superfruit-Proats

Für 2 Portionen

80 g Vollkorn-
Haferflocken
200 g Erdbeeren
150 g griechi-
scher Joghurt,
Natur- oder Soja-
Joghurt
1 EL ungesüßte
Cranberries
1 EL getrocknete
Gojibeeren

■ 200 ml Wasser in einem kleinen Topf zum Kochen bringen. Die Haferflocken dazugeben und 5 Minuten köcheln lassen, zwi-schendurch umrühren.

■ Die Erdbeeren unter fließendem Wasser waschen und den Stielansatz entfernen. 120 g Erdbeeren mit dem Joghurt pürieren oder mixen. Die restlichen Erdbeeren in Scheiben schneiden und beiseitestellen.

■ Das Erdbeerjoghurt mit den Haferflocken vermengen und auf 2 Schälchen verteilen.

■ Mit den restlichen Erdbeeren, den Cranberries, Gojibeeren und Berberitzen anrichten.

1 EL getrock-
nete, ungesüßte
Berberitzen
(siehe Hinweis
rechts)

Tipp

Zum Begriff „Proats" siehe Seite 46 unten.

Info

Obwohl die Berberitze, auch Sauerdorn genannt, hierzulande heimisch ist, kennt man sie heute vor allem aus der persischen oder indischen Küche. Die sauren Früchte haben einen überaus hohen Gehalt an Vitamin C – bei uns wurde ihr Saft früher als Ersatz für Zitronensaft gebraucht. In der Ayurveda-Heilkunde gelten Berberitzen als wirksames Mittel zur Entgiftung. Die getrockneten Früchte können einfach wie Rosinen verwendet werden; auch zum Backen sind sie gut geeignet. In den Sommermonaten sind sie häufig im Supermarkt erhältlich, aber auch in Online-Shops können Sie die Trockenfrüchte kaufen.

Im Porträt: **Aroniabeere**

Noch in den 1990er-Jahren war die Aroniabeere (*Aronia melanocarpa*) bei uns weitgehend unbekannt. Innerhalb kürzester Zeit hat sie sich zur Trendbeere entwickelt – aus berechtigten Gründen. Mit weitem Abstand besitzt sie unter den Früchten den höchsten Wert an Antioxidantien (Anthocyane und Flavonoide) und damit den höchsten ORAC-Wert (siehe Seite 14). Damit ist die Aronia besonders wertvoll für den Schutz unserer Zellen vor freien Radikalen. Laut aktueller Forschung und Langzeitstudien bedeutet das: Der regelmäßige Genuss von Aroniabeeren soll Körper und Immunsystem vor zahlreichen Krankheiten schützen. Dazu zählen Herz-Kreislauf-Erkrankungen, Diabetes, Krebs oder Erkrankungen von Magen und Leber. Darüber hinaus bietet die Beere ein ganzes Paket an Vitalstoffen: Vitamin C, E, K, B-Vitamine sowie auffällig viel Folsäure, Eisen und Jod, weiterhin Magnesium, Kalzium und Kalium. Ursprünglich stammen Aroniabeeren aus Nordamerika, wo sie ein wichtiger Nahrungsbestandteil für die indianische Urbevölkerung waren. Mittlerweile werden sie in weiten Teilen Europas und in Deutschland angebaut. Zunehmend sind die Pflanzen auch in unseren Privatgärten zu finden. Der Aroniastrauch ist sehr robust, frosthart und pflegeleicht. Auch hübsche, platzsparende Hochstämmchen werden mittlerweile angeboten.

Achten Sie bei frischen Früchten darauf, dass sie ganz ausgereift sind: Das erkennt man am dunkelroten Fruchtfleisch. Nur dann enthalten die Beeren das volle Maß an gesunden Inhaltsstoffen und schmecken am besten. Zur Erntezeit ab August bekommt man frische Beeren von deutschen Produzenten. Da die Früchte bis zu 2 Wochen haltbar sind, werden sie teilweise auch verschickt. Sie lassen sich gut als Vorrat einfrieren. Normalerweise sind Aroniabeeren jedoch getrocknet, pulverisiert oder als Saft erhältlich.

Die Samen der Aronia enthalten geringe Mengen an giftiger Blausäure, wie auch die Kerne von Äpfeln oder Aprikosen. Durch die Verarbeitung (Trocknung, Erhitzen, als Saft) wird das Gift unschädlich gemacht. Lediglich von den frischen Beeren sollte man keine unüblich großen Mengen roh genießen (etwa mehrere Kilogramm Beeren auf einmal).

Verwendung

Aroniabeeren schmecken säuerlich-herb mit einem leichten Bittermandelaroma. Die frische Frucht wird zu Saft, Sirup, Marmelade oder Fruchtsoße verarbeitet. Getrocknet dient sie als Zutat für Smoothies, Fruchtriegel oder Rohkost-Pralinen. Man gibt sie einfach zum Müsli oder Joghurt, zu Overnight Oats (Seite 52) oder Proats (Seite 46). Ich verwende sie gerne als Topping (Pancakes mit Heidelbeerjoghurt und Aronia, Seite 42). Für 1 Tasse **Aronia-Tee** 1 EL getrocknete Aroniabeeren mit kochendem Wasser übergießen und 8 bis 10 Minuten ziehen lassen.

Matcha-Bananen-Milchshake

Für 2 Portionen (ca. 1/2 l)

1 reife Banane
350 ml ungesüßte Mandelmilch
1 TL **Matcha-Pulver**
2 EL Vollkorn-Haferflocken

◼ Die Banane schälen und grob zerkleinern. Zusammen mit der Mandelmilch, dem Matcha-Pulver und den Haferflocken in den Mixer geben und pürieren.

◼ Den Milchshake in 2 Trinkgläsern anrichten. Nach Geschmack die Shakes mit etwas Matcha-Pulver bestreuen.

Tipp

Wer den Shake süßer mag, gibt noch etwas Agavendicksaft dazu. Auch Vanille oder fein geriebener Ingwer passen gut. Im Sommer Eiswürfel dazugeben und mitmixen.

Matcha-Proats
mit Bananenschaum

Für 2 Portionen

80 g Vollkorn-Haferflocken
150 g griechischer Joghurt, Natur- oder Sojajoghurt
1 TL **Matcha-Pulver**
1 Banane

◼ 200 ml Wasser in einem kleinen Topf zum Kochen bringen. Die Haferflocken dazugeben und 5 Minuten köcheln lassen, zwischendurch umrühren.

◼ In einer kleinen Schüssel den Joghurt mit dem Matcha vermengen. Die Haferflocken unterheben und auf 2 Schälchen verteilen.

◼ Die Banane schälen und in Stücke schneiden. Mit der Mandelmilch und der Vanille mixen oder pürieren und über die Matcha-Proats geben. Mit den Berberitzen garnieren.

100 ml ungesüßte Mandelmilch
1 Msp. Vanillepulver oder -mark
1 EL getrocknete, ungesüßte Berberitzen [siehe Seite 42]

Info
„Proats" setzt sich aus den englischen Wörtern „Protein" und „Oats" zusammen, also Proteine und Hafer. Proats schmecken lecker, sind schnell zubereitet, gesund und halten lange satt. Dazu werden Haferflocken in Wasser, Kuhmilch oder pflanzlicher Milch aufgekocht und mit griechischem Joghurt kombiniert – dieser enthält besonders viele Proteine. Alternativ können Sie natürlich auch „normalen" Joghurt oder Sojajoghurt verwenden.

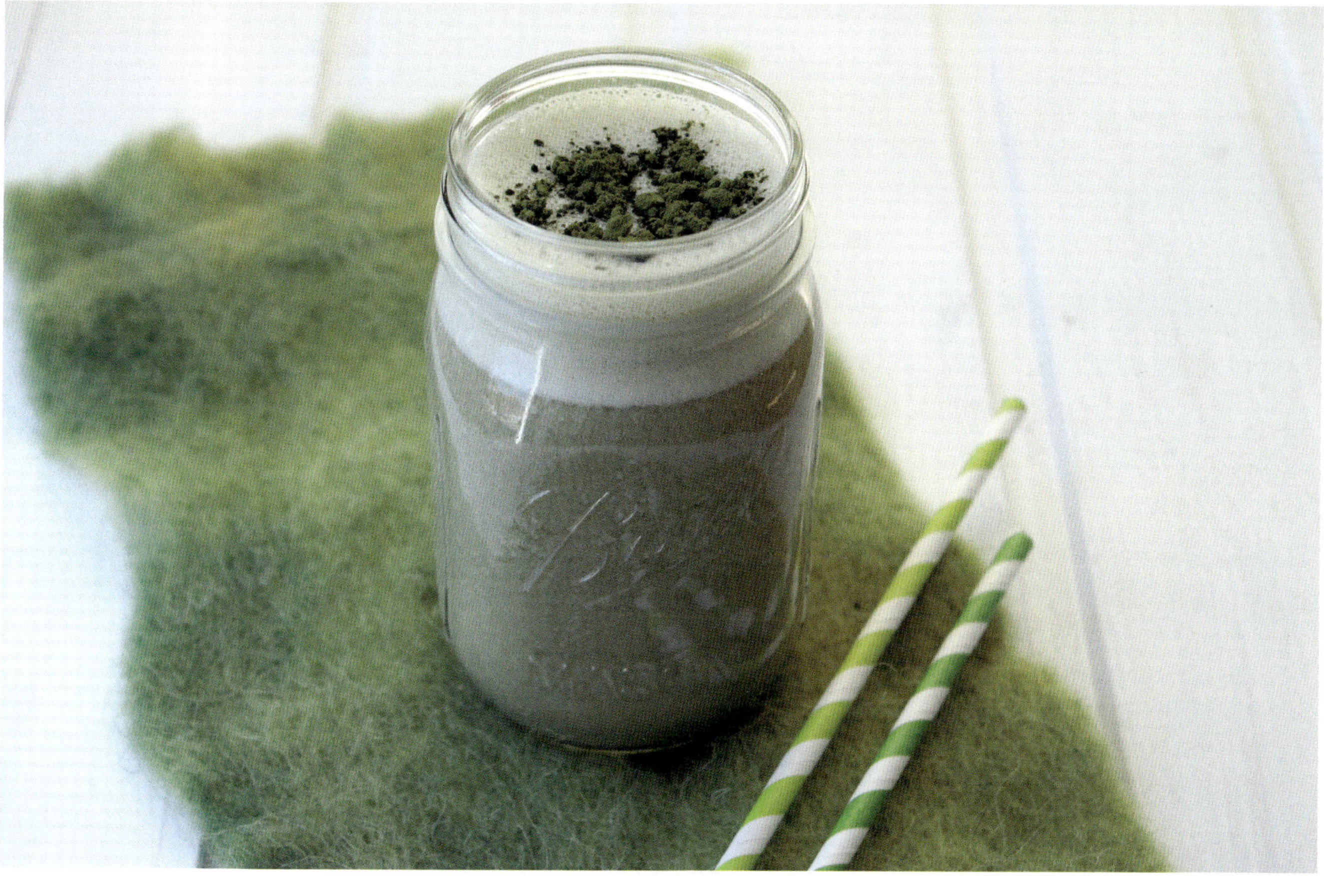

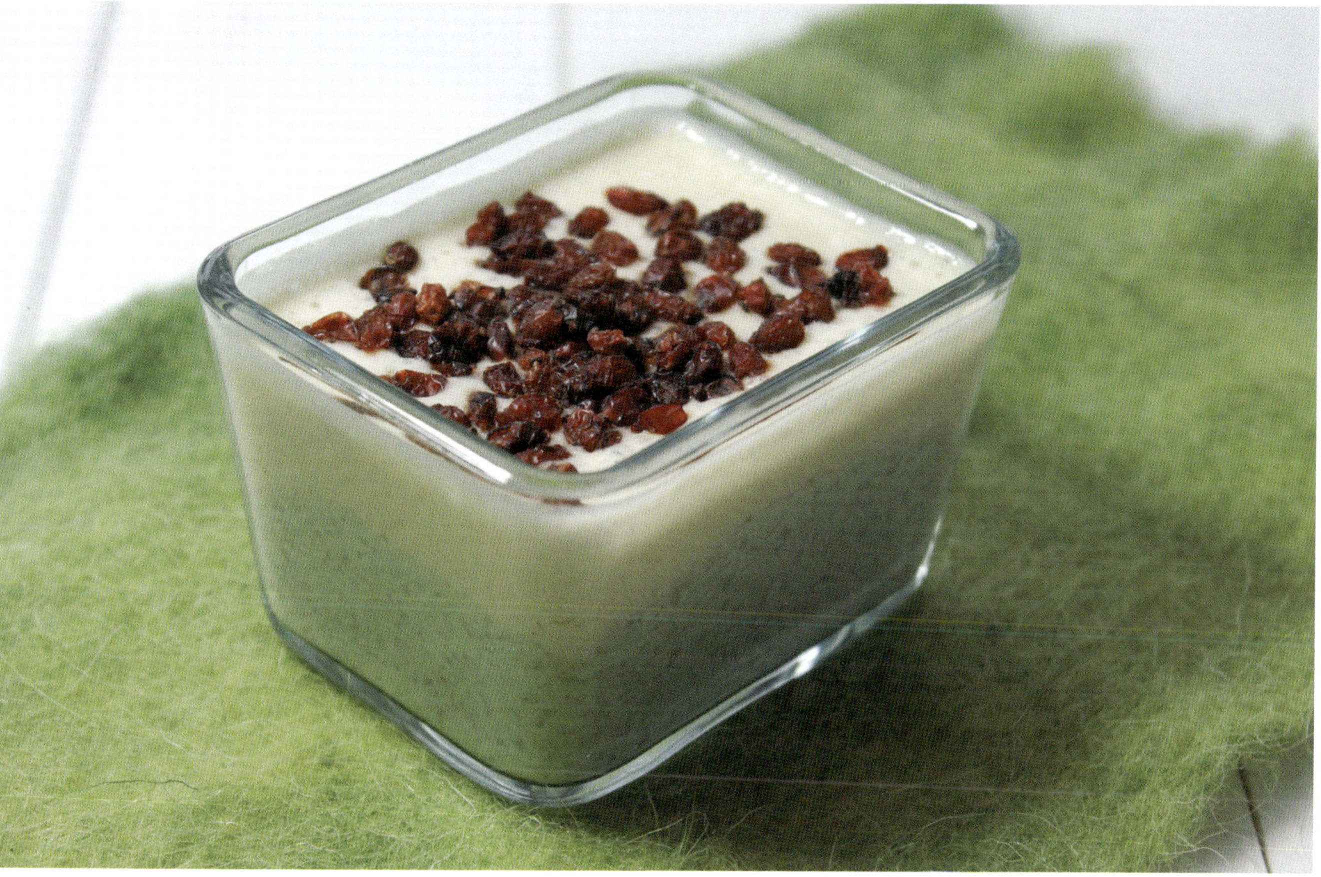

Im Porträt: **Matcha**

Matcha ist ein besonders edler und aufwendig produzierter Grüner Tee. Damit die Pflanzen viel Chlorophyll ausbilden, wachsen sie langsam in Schattenplantagen heran. Die Blätter werden von Hand geerntet, gedämpft, getrocknet, sorgfältig verlesen und teilweise sogar von Blattrippen und Stängeln befreit. Schließlich mahlt man sie in einer Granitmühle zu feinem Pulver – das alles erklärt den hohen Preis. Beim Einkauf sollten Sie auf echten, hochwertigen und biologisch angebauten Matcha aus Japan achten. Andere Produkte sind häufig weniger edel und schonend hergestellt oder gar mit „normalem" Grüntee gestreckt. In Geschmack und Wirkung sind sie nicht vergleichbar. Matcha sollte leuchtend-grün sein – eine blasse, hellgrüne oder gelbliche Farbe zeugt dagegen von schlechter Qualität.

Matcha ist vor allem als Wachmacher in aller Munde. Er enthält mehr Koffein als Kaffee und wirkt ähnlich belebend, hat aber aufgrund der enthaltenen Aminosäuren zusätzlich einen ausgleichenden Effekt. Der veredelte Grüntee ist vergleichsweise bekömmlicher und macht weniger unruhig. Matcha besitzt die Vitamine A, C und E, Mineral- und Ballaststoffe sowie reichlich Antioxidantien, was den hohen ORAC-Wert erklärt. Der Wirkstoff Epigallocatechingallat (EGCG) wirkt laut einer Studie der Universität von Colorado entzündungshemmend und beeinflusst Erkrankungen des Immunsystems sowie Krebserkrankungen positiv. Das Trendgetränk soll auch beim Abnehmen und beim Muskelaufbau helfen und die Hautalterung verzögern. Im Gegensatz zu herkömmlichem Grüntee wird **Matcha-Tee** nicht als Aufguss getrunken. Das ganze Blatt wird verzehrt: 1 g Matcha (etwa 1/2 TL) mit 80 ml warmem Wasser (80°C) übergießen und mit einem Bambusbesen („Chasen") schaumig schlagen. Alternativ funktioniert auch ein elektrischer Milchaufschäumer.

Verwendung

Matcha lässt sich als Tee sowie zum Kochen und Backen verwenden. Das Pulver verträgt kein Licht und sollte kühl gelagert werden. Seine grasige Note passt zu süßen wie herzhaften Gerichten. Das kräftige Grün wird auch gerne als natürliche Lebensmittelfarbe eingesetzt. Dafür gibt es „Koch-Matcha", der weniger hochwertig und günstiger ist. Gerade im Frühstück macht sich Matcha als Wachmacher sehr gut (Matcha-Proats mit Bananenschaum, Seite 46). Es bereichert auch Smoothies oder Shakes (Matcha-Bananen-Milchshake, Seite 46). Ein Klassiker in japanischen Restaurants ist Matcha-Eis. Groß im Kommen sind bei uns Matcha on the rocks (ein alkoholfreier Cocktail) und **Matcha-Latte**: Dazu einfach 1/2 TL Matcha-Pulver in einem Glas mit 50 ml heißem Wasser (80°C) aufgießen und mit einem Chasen oder Milchaufschäumer verrühren. Darüber 200 ml aufgeschäumte (pflanzliche) Milch gießen.

Açaí-Heidelbeer-Smoothie

Für 2 Portionen (ca. 1/2 l)

1/2 Banane
300 ml ungesüßte pflanzliche Milch (z. B. Mandelmilch)
200 g frische **Heidelbeeren**
1 TL **Açaí-Pulver**
Gojibeeren und Blütenpollen zum Garnieren

■ Die Banane schälen und grob zerkleinern. Mit der pflanzlichen Milch, den gewaschenen Heidelbeeren und dem Açaí-Pulver mixen oder pürieren.

■ Den Smoothie auf 2 Trinkgläser verteilen. Mit Gojibeeren und Blütenpollen garnieren.

Tipp

Anstelle der Heidelbeeren passen auch Brombeeren gut: Sie verleihen dem Smoothie noch mehr Süße.

Im Porträt: **Heidelbeere**

Diese kleinen Beeren sind wahre Kraftpakete für unser Immunsystem: In ihrem
violettblauen Pflanzenfarbstoff stecken
hoch dosierte Anthocyane. Mit diesem auffällig hohen Gehalt an Antioxidantien zählen
Heidelbeeren [*Vaccinium myrtillus* und *Vaccinium corymbosum*] heute zu den Superfoods.
Sie schützen den Körper und unsere Zellen vor
freien Radikalen und zahlreichen Erkrankungen,
insbesondere sollen sie bei Herz-Kreislauf-Erkrankungen und Bluthochdruck wirksam sein.
Schwedische Wissenschaftler der Universität
Lund haben in einer Studie die volksheilkundliche
Anwendung bestätigt, dass Heidelbeeren Darm-
entzündungen vorbeugen und lindern können.
Schon durch eine Handvoll Früchte am Tag lässt
sich das Gedächtnis und die Lernfähigkeit bis ins
hohe Alter messbar unterstützen, so eine Studie
der Universität Boston/USA. Durch den hohen
Gehalt an Betacarotin soll sich bei regelmäßigem Genuss auch eine verbesserte Sehleis-
tung bei Dunkelheit einstellen. Zudem enthalten
Blaubeeren reichlich Vitamin C, E, verschiedene
B-Vitamine und Mineralstoffe sowie Gerbsäure.
Getrocknete Heidelbeeren sind ein altbekanntes
Mittel gegen Durchfall; frische Früchte wirken
dagegen verdauungsfördernd. Bei Entzündungen im Mund- und Rachenraum gurgelt man mit
dem warmen Pflanzensaft; diese Wirksamkeit
gilt als wissenschaftlich erwiesen.

Am gesündesten ist der Verzehr der rohen, unverarbeiteten Früchte. Wilde Heidelbeeren weisen mit ihrem blauen, ab-
färbenden Fruchtfleisch einen deutlich höheren
Anteil an Anthocyanen auf als die gezüchteten
Gartenpflanzen mit dem hellen Fruchtfleisch.
Blaubeeren wachsen wild in den Hochlagen der
Mittelgebirge und in Heidelandschaften. Sie können auch im eigenen Garten angebaut werden;
dazu ist allerdings die Anlage eines „Moorbeets"
erforderlich. Geerntet werden Heidelbeeren in
Deutschland zwischen Juli und September.

Verwendung

Das süße, vollmundige Aroma der frischen
Früchte schmeckt am besten pur in [Soja-]
Joghurt oder Quark, in Cremes und Smoothies
[Açaí-Heidelbeer-Smoothie, siehe links]. Heidel-
beeren werden gerne zum Backen von vielerlei
Kuchen, Torten oder Muffins verwendet. Man
verarbeitet sie zu Saft, Sirup, Bowle, Marmelade
oder Soße [Pancakes mit Heidelbeerjoghurt und
Aronia, Seite 42]. Die Beeren passen auch zu
herzhaften Gerichten, beispielsweise zu Salat.

Overnight Oats
Schoko-Himbeere

Für 2 Portionen

240 ml ungesüß-
te Hafermilch
2 TL rohes
Kakaopulver
80 g Vollkorn-
Haferflocken
125 g Himbeeren
175 g griechi-
scher Joghurt
oder Sojajoghurt
2 EL **Kakao-Nibs**

■ Am Vorabend Hafermilch, Kakaopulver und Haferflocken in einer Schüssel verrühren. Himbeeren verlesen, bei Bedarf kurz abbrausen und abtropfen lassen. In einer zweiten Schüssel die Himbeeren und den Joghurt mit einer Gabel vermengen.

■ Zuerst die Haferflocken-Kakao-Mischung auf 2 Gläser oder Schüsseln verteilen, dann den Himbeerjoghurt darübergeben.

■ Die Overnight Oats abdecken und über Nacht in den Kühl-schrank stellen. Vor dem Verzehr mit Kakao-Nibs garnieren.

Tipp

Für die schnellen und gesunden **Overnight Oats** einfach Voll-korn-Haferflo-cken („Oat") im Verhältnis 1:3 in Flüssigkeit ein-legen und über Nacht („Over-night") im Kühl-schrank quellen lassen.

Quinoa-Pudding

Für 2 Portionen

100 g weiße
Quinoa
200 ml ungesüß-
te Reismilch
1 Msp. Vanillepul-
ver oder -mark
1 TL Kokosblüten-
sirup
200 g Erdbeeren
1 EL Mandelblätt-
chen

■ Die Quinoa in einem Sieb unter fließendem, kaltem Wasser gründlich abspülen, bis das Wasser klar bleibt. Abtropfen lassen.

■ Die Reismilch mit der Vanille und dem Kokosblütensirup in ei-nem Topf erhitzen. Quinoa dazugeben und etwa 10 Minuten bei wenig Hitze köcheln lassen, zwischendurch umrühren.

■ Die Erdbeeren kurz abbrausen, von den Stielansätzen befrei-en und klein schneiden. Einige für die Garnitur beiseitelegen, den Rest unter die gekochte Quinoa heben.

■ Den Quinoa-Pudding auf 2 Gläser oder Schälchen verteilen, mit Erdbeerstückchen und Mandelblättchen garnieren.

Tipp

Ich esse Qui-noa-Pudding auch gerne mit Chia-Marmelade (Seite 30) aus Erdbeeren, Him-beeren oder Brombeeren.

Açaí-Bowl mit Orangen

Für 2 Portionen

300 g (Soja-)
Joghurt
1 TL **Açaí-Pulver**
2 EL gepuffte
Quinoa (siehe
Tipp auf Seite 60)
1 Orange
1 TL **Chia-Samen**
1 TL Sesam-
samen
getrocknete
Maulbeeren zum
Garnieren

■ Joghurt und Açaí-Pulver in einer Schüssel verrühren, die gepuffte Quinoa unterheben. Die Orange halbieren und eine Hälfte auspressen. Den Orangensaft unter die Joghurtmischung rühren.

■ Die andere Orangenhälfte schälen. Das Fruchtfleisch in kleine Stücke schneiden.

■ Die Joghurtmischung auf 2 Schüsseln verteilen und mit Orangenstücken, Chia-Samen, Sesam und Maulbeeren garnieren.

Tipp

Eine Açaí-Bowl ist in den USA, beispielsweise auf Hawaii und in Kalifornien, ein beliebtes Frühstück. Eine solche „Bowl" (Schale, Schüssel) schmeckt auch mit Nuss- oder Kokosmilch anstelle von Joghurt. Die Açaí-Beere bewirkt dabei auch die schöne rosa bis violette Färbung.

Im Porträt: **Açaí-Beere**

Die dunkelblaue bis schwarzviolette Açaí-Beere (sprich: Ass-a-i) stammt aus dem Amazonas-Regenwald und wächst dort an der bis zu 20 m hohen Kohlpalme (*Euterpe oleracea*). Vor Ort wird sie frisch als Beere verzehrt oder als Saft getrunken. Gebietsweise ist sie in ihrer Heimat ein Hauptnahrungsmittel und wird in verschiedenen Gerichten nahezu täglich verspeist. Essbar ist nur ihre dünne Schale, nicht der große Kern. Fruchtfleisch gibt es bei der Açaí-Beere gar nicht. Leider verdirbt die frische Beere schnell, weshalb sie für den Export vor Ort getrocknet und pulverisiert wird. Durch das Trocknen sollen 95 % der Nährstoffe erhalten bleiben. Bei uns ist die Açaí-Beere in Tabletten-, Pulver- oder Kapselform erhältlich. Ich selbst greife zur Pulverform oder verwende tiefgekühlte Açaí-Fruchtpürees, da diese am wenigsten weiterverarbeitet sind und somit am ehesten ins Clean-Eating-Konzept passen. Besser wäre es natürlich, die Beere frisch und unverarbeitet zu essen, was hierzulande aber nicht möglich ist.

Açaí-Beeren sollen die Fettverbrennung anregen und beim Abnehmen helfen. Seriöse Studien, die dies bestätigen, gibt es bisher nicht. Dass hartnäckige Fettpolster, die wir uns über Jahre angefuttert haben, mit der Açaí-Beere von heute auf morgen verschwinden, ist unwahrscheinlich. Von Açaí-Diätprodukten sollte man in jedem Fall die Finger lassen – diese entsprechen ganz und gar nicht dem Clean-Eating-Gedanken. Dasselbe gilt für Energydrinks sowie Fertigprodukte wie Açaí-Eis, -Sekt, -Sorbet oder -Schokolade.

Açaí-Beeren haben einen hohen Gehalt an Anthocyanen, die sich in der violetten Färbung zeigen und die in unserem Körper antioxidativ wirken. Diese Radikalfänger schützen unsere Zellen, beugen Krankheiten vor und können den Alterungsprozess verlangsamen. Dass die Açaí-Beere jedoch ein „Faltenkiller" ist, wie es uns vor allem die Industrie glaubhaft machen will, ist zu bezweifeln. Fakt ist jedoch: Die Açaí-Beere ist sehr gesund und spendet uns viel Energie. Neben dem hohen Gehalt an Antioxidantien enthält sie die Vitamine A und C, B-Vitamine, Magnesium, Kalium, Kalzium und Eisen.

Verwendung

In pulverisierter Form passt die Açaí-Beere gut in Joghurt, Müsli und Smoothies, wie beispielsweise in meinem Açaí-Heidelbeer-Smoothie (Seite 50) oder in eine Açaí-Bowl (Seite 54). Auch zur Herstellung von Backwaren und Eis kann das Pulver verwendet werden. Die Açaí-Beere macht sich zudem gut in herzhaften Gerichten (Rote-Bete-Süppchen mit Açaí und Sprossen, Seite 77). Pur schmeckt die getrocknete Beere säuerlich und leicht erdig; für unsere europäischen Gaumen ist sie daher etwas gewöhnungsbedürftig. Richtig zubereitet wird sie zur exotischen Bereicherung.

Kamut-Walnuss-Brötchen

Für 8 Stück

10 g frische Hefe
1 TL Kokosblüten-
sirup
400 g Kamut-
vollkornmehl
1 EL Olivenöl
Salz
50 g **Walnuss-
kerne**

◼ Am Vorabend die Hefe mit den Händen zerbröseln und mit dem Kokosblütensirup in 50 ml lauwarmem Wasser auflösen. 10 Minuten gehen lassen.

◼ Das Kamutmehl sieben und die Hefemischung, Olivenöl, Salz und 200 ml lauwarmes Wasser dazugeben. Zuerst mit der Küchenmaschine oder den Knethaken des Handrührgeräts, dann mit den Händen zu einem geschmeidigen, glatten Teig verkneten. Die Walnusskerne grob hacken und in den Teig einarbeiten.

◼ Den Teig mit einem Geschirrtuch abdecken und über Nacht in den Kühlschrank stellen.

◼ Am nächsten Morgen den Teig in 8 Stücke aufteilen und diese zu runden Brötchen formen. Auf einem mit Backpapier ausgelegten Blech verteilen und auf der mittleren Schiene in den kalten Backofen schieben.

◼ Die Backofentemperatur auf 180 °C einstellen und die Brötchen 8 Minuten bei Ober- und Unterhitze backen. Danach bei gleicher Hitze weitere 20 Minuten mit Umluft fertig backen.

Pikanter Avocado-Brotaufstrich

Für 2 Portionen

1 reife **Avocado**
Saft von 1/2
Zitrone
1 TL **Leinöl**
1 Msp. Chilipulver
oder edelsüßes
Paprikapulver
Salz
Pfeffer aus der
Mühle
Chilifäden

◼ Die Avocado schälen, längs halbieren und den Kern entfernen. Das Fruchtfleisch mithilfe eines Esslöffels aus der Schale lösen.

◼ Die Avocado mit Zitronensaft, Leinöl, Chilipulver, Salz und Pfeffer pürieren.

◼ Den Brotaufstrich auf 2 Brot- oder Brötchenscheiben verteilen und mit den Chilifäden garnieren.

Tipp

Die hauchdünn geschnittenen Chilifäden sind sehr dekorativ und besitzen ein eher mildes, frisch-fruchtiges Aroma.

Kürbisbrot mit Hanfsamen

**Für 1
Kastenform
(ca. 16 x 27 cm)**

350 g **Hokkaido-
kürbis**
2 EL geschälte
Hanfsamen
320 g Dinkelvoll-
kornmehl
25 g Butter oder
Margarine
Salz
1 TL Kokosblüten-
sirup
10 g frische Hefe

■ Den Kürbis waschen, mit einem scharfen Messer halbieren und die Kerne mit einem Esslöffel herausschaben. Die passende Menge abwiegen und mit Schale in Würfel schneiden.

■ In einem Topf mit Wasser bedecken, aufkochen lassen und ca. 10 Minuten zugedeckt auf kleiner Flamme dünsten, bis der Kürbis weich ist. Das Wasser abschütten, die Kürbisstücke pürieren und abkühlen lassen.

■ Die Hanfsamen in einer Pfanne ohne Öl kurz unter Rühren anrösten. Mehl, Butter und Salz in einer Schüssel vermengen.

■ Den Kokosblütensirup mit Hefe und 50 ml lauwarmem Wasser verrühren und zu der Mehlmischung geben. Das Kürbismus und die Hanfsamen hinzufügen und alles mit den Händen zu einem Teig verarbeiten. Abgedeckt 15 Minuten ruhen lassen.

■ Eine Kastenform mit Backpapier auslegen. Den Teig einfüllen und weitere 30 Minuten abgedeckt ruhen lassen. Den Backofen auf 190 °C vorheizen (Ober- und Unterhitze).

■ Das Brot mit etwas Wasser bestreichen und 25 bis 30 Minuten im vorgeheizten Ofen backen (Stäbchenprobe machen, siehe Tipp).

Tipp

Für eine Stäb-
chenprobe ein-
fach ein dünnes
Holzstäbchen in
den Teig stechen:
Bleibt kein Teig
mehr daran
haften, ist das
Brot oder der
Kuchen fertig.

Beeren-Smoothie-Bowl

Für 2 Portionen

150 g Himbeeren
50 g Brombeeren
200 ml Sojamilch
80 g Vollkorn-
Haferflocken
2 EL Kürbiskerne
2 EL **Chia-Samen**
2 EL Sonnen-
blumenkerne
2 EL **Gojibeeren**

◨ Die Himbeeren und die Brombeeren bei Bedarf kurz abbrausen und gut abtropfen lassen. Eine Handvoll Himbeeren beiseitelegen.

◨ Die restlichen Himbeeren mit der Sojamilch und den Haferflocken pürieren oder mixen und auf 2 Schälchen verteilen.

◨ Mit Kürbiskernen, Chia-Samen, Himbeeren, Brombeeren, Sonnenblumenkernen und Gojibeeren garnieren.

Das Bild zum Rezept finden Sie auf dem Buchcover.

Himbeerjoghurt mit Sprossen

Für 2 Portionen

200 g Himbeeren
300 g (Soja-)
Joghurt
2 EL gepuffte
Quinoa (siehe
Tipp)
1 EL Blütenpollen
2 EL getrocknete
Maulbeeren
2 EL getrocknete,
ungesüßte
Cranberries
2 EL milde
Sprossen (z. B.
Weizen, Roggen,
Mungobohnen,
Quinoa, Lein-
samen oder Soja)

◨ Die Himbeeren kurz abbrausen und abtropfen lassen. Mit dem Joghurt zusammen pürieren oder mixen.

◨ Die Quinoa unterrühren und auf 2 Schälchen verteilen.

◨ Mit Blütenpollen, Maulbeeren, Cranberries und Sprossen garnieren.

Info
Gepuffte **Quinoa** gibt es bereits fertig zu kaufen – sie sind aber auch schnell selbst gemacht. Dazu einfach einen großen Topf stark erhitzen und 1 EL Quinoa-Körner hineingeben. Den Topf mit einem Deckel verschließen. Sobald die Körner aufpoppen, den Topf von der Herdplatte ziehen und leicht hin- und herschwenken.

Im Porträt: **Maulbeere**

Ein Superfood für Naschkatzen! Maulbeeren sind sehr süße Früchte und (noch) nicht jedem bekannt. Dabei wird der kuriose Beerenbaum hierzulande schon seit dem 9. Jahrhundert angebaut. Heute kann man ihn vor allem in Parks und alten Gärten bewundern. Dass die Bäume nicht weiter verbreitet wachsen, hängt wohl mit der schlechten Lagerfähigkeit der brombeerähnlichen Früchte zusammen: Sie sind saftig und druckempfindlich und müssen gleich nach der Ernte weiterverarbeitet werden. Maulbeeren sind daher meist als Trockenfrüchte, Mus oder Saft erhältlich. Es gibt schwarze, weiße und rote Maulbeeren (*Morus*). Für die rote und schwarze Variante gilt: Je dunkler die Beeren sind, desto intensiver ist auch ihr süßlich-fruchtiger Geschmack.

Was steckt in den Beeren? Neben Vitamin C und B-Vitaminen finden sich Eisen, Zink, Kalzium, Kalium und Magnesium. Für Furore sorgt heute das ebenfalls enthaltene Antioxidans Resveratrol, das auch in roten Trauben bzw. Rotwein entdeckt wurde. Zur wissenschaftlichen Diskussion stehen die Wirksamkeit bei Arteriosklerose, Herz-Kreislauf-Erkrankungen, Alzheimer, Parkinson, Diabetes und Arthritis. Laut verschiedener Studien sollen sich Maulbeeren sehr positiv auf die Altersgesundheit auswirken, die Fettverbrennung ankurbeln, Blutdruck und Blutzucker senken sowie die Muskelfunktion verbessern. Sogar krebshemmende Wirkungen werden vermutet. Man geht zudem von antibakteriellen und entzündungshemmenden Eigenschaften aus. Aus der Volksheilkunde bekannt ist die Anwendung bei Husten und Halsentzündungen. Auch die Blätter der Maulbeere sind Gegenstand der medizinischen Forschung; sie sind als Tabletten und Extrakt erhältlich.

Verwendung

Wenn Sie in den seltenen Genuss frischer Maulbeeren kommen, nutzen Sie die Gelegenheit, um sich ausgiebig an den aromatischen, süßen Früchten zu laben. Bei der Ernte (ab August) empfehlen sich allerdings alte Kleidung und Handschuhe, da die Beeren stark abfärben. Um sie haltbar zu machen, können sie leicht in Form von Marmelade oder Sirup eingekocht werden – auch als Süßungsmittel für Desserts und Smoothies. Getrocknete Maulbeeren haben meist eine knusprige, etwas klebrige Konsistenz und schmecken besonders gut im Frühstück, zum Beispiel als Topping für Müslis, Joghurts oder Overnight Oats (siehe Seite 52) Sie passen auch gut in Rührteige für Kuchen oder Muffins und zu Fruchtsalaten. Ich habe sie für meine Açaí-Bowl (Seite 54) und ein Himbeerjoghurt mit Sprossen (Seite 60) verwendet.

Rezept zum Bild auf Seite 76

kapitel 3
Vorspeisen

D er erste Eindruck zählt! Deshalb sollte eine Vorspeise, die ein gemeinsames Essen eröffnet, besonders gut schmecken. Meine abwechslungsreichen Appetithäppchen mit Avocado, Cranberry, Granatapfel und weiteren Superfoods machen Lust auf mehr. Neben abgewandelten Klassikern wie den gefüllten Datteln im Zucchinimantel oder dem Pflaumen-Chutney mit Ingwer dämpfen kalte und warme Vorspeisen den ersten Hunger, so auch der Avocado-Salat oder das Rote-Bete-Süppchen mit Açaí. Einiges kann auch gut als leichter Clean-Eating-Snack für zwischendurch dienen: Meine Canapés mit Hanfsamen oder die Granatapfel-Gurken-Häppchen sind schnell und unkompliziert zubereitet.

Natürlich
frisch
einfach
gut

Gefüllte Datteln im Zucchinimantel

Für 2 Portionen (6 Stück)

6 **Datteln**
1 kleine Zucchini
2 EL Olivenöl
1/2 TL Salz
2 EL getrocknete, ungesüßte
Cranberries
2 EL Pinienkerne

■ Die Datteln längs zur Hälfte einschneiden und entkernen.

■ Die Zucchini waschen, putzen und längs mit einem Küchenmesser oder einem Gemüsehobel in 6 sehr dünne Scheiben schneiden.

■ Öl und Salz verrühren, die Zucchinischeiben darin einlegen und etwa 10 Minuten ziehen lassen.

■ Die Cranberries und Pinienkerne grob hacken und ohne Fettzugabe in einer Pfanne unter Rühren anrösten. Mithilfe eines Teelöffels in die Datteln füllen. Die Dattelhälften schließen und in jeweils 1 Zucchinischeibe einrollen. Mit je 1 Zahnstocher fixieren.

■ Die Röllchen ohne weitere Fettzugabe von beiden Seiten in einer Pfanne goldgelb anbraten und servieren.

Tipp

Anstelle der Zucchini können Sie auch gut eine Aubergine verwenden.

Superfoods-Salat
mit Granatapfel

Für 2 Portionen

1/2 **Granatapfel**
1 kleine **Avocado**
2 Handvoll Blatt-
oder Pflücksalat
150 g (Soja-)
Joghurt

■ Den Granatapfel entkernen (siehe Seite 69). Die Avocado schälen, längs halbieren und den Kern mithilfe eines Esslöffels herauslösen. Das Fruchtfleisch in Würfel schneiden.

■ Den Salat putzen, waschen, trocken schleudern und auf 2 Tellern anrichten.

■ Die Avocadowürfel und die Granatapfelkerne darauf verteilen.

■ Für das Dressing Joghurt, Zitronensaft, Salz und Pfeffer verrühren und auf den Salat träufeln. Mit den Chia-Samen bestreuen.

2 EL **Zitronen-
saft**
Salz
Pfeffer aus der
Mühle
1 TL **Chia-Samen**

Info
Im Winter esse ich den Salat gern mit rohem Grünkohl. Damit die harten Blätter geschmeidig werden, schneide ich die harten Blattrippen heraus und „massiere" das Dressing einige Minuten in die Blätter ein (siehe Grünkohlsalat, Seite 127). Der Salat schmeckt auch mit frischem Spinat.

Granatapfel-Gurken-Häppchen

**Für 2 Portionen
(10 Stück)**

1/2 Salatgurke
80 g Frischkäse
1 TL Honig
1/2 Granatapfel
1 TL Blütenpollen
(siehe Tipp)

■ Die Gurke waschen und mit Schale in 10 Scheiben schneiden (ca. 1 cm dick). Den Frischkäse mit dem Honig vermengen und die Gurkenscheiben damit bestreichen.

■ Den Granatapfel entkernen (siehe rechts) und die Kerne auf dem Frischkäse verteilen. Mit den Blütenpollen garnieren.

Tipp

Statt Blütenpollen können Sie auch gut Gojibeeren verwenden.

Im Porträt: **Granatapfel**

Außen eins, innen tausendundeins – so lautet ein altes türkisches Rätsel. Die Antwort führt zu einer der ältesten Kulturpflanzen der Menschheit: dem Granatapfel. Als Symbol für Leben, Fruchtbarkeit, Schönheit und Liebe kommt der Frucht schon in der Bibel eine besondere Bedeutung zu. Noch heute wird der Granatapfelbaum (*Punica granatum*) weitverbreitet angebaut – vor allem im westlichen bis mittleren Asien, im Nahen Osten und im Mittelmeerraum. Schon die Schönheit der rot-orangen Blüten fällt ins Auge. Dann erscheinen die leuchtend roten, kugeligen Früchte mit der kleinen „Krone". Darin finden sich die roten Samen (bis zu 400 Stück), die schließlich als Hingucker auf unseren Tellern landen.

Granatapfelsamen enthalten viel Kalium, Kalzium, Eisen, B-Vitamine und reichlich antioxidativ wirksame Flavonoide und Anthocyane. Diese sorgen für die rote Farbe in Kernen und Schale und besitzen eine so starke Leuchtkraft, dass sie sogar zum Einfärben von indischer Wolle und orientalischen Teppichen verwendet wurden. Daneben gibt es auch gelbliche Granatäpfel, die meist aus Spanien zu uns kommen.

Neueren Untersuchungen zufolge soll der Granatapfel die körpereigene Abwehr steigern, blutdrucksenkend wirken und Herz-Kreislauf-Erkrankungen vorbeugen. Besonders eine krebshemmende Wirkung ist Gegenstand zahlreicher Studien. So empfiehlt die Gesellschaft für biologische Krebsabwehr (GfBK) eine Ernährung mit Granatapfel bei Brust- und Prostatakrebs. Die medizinische Wirksamkeit ist jedoch umstritten und wissenschaftlich noch nicht eindeutig belegt.

Verwendung

Der Granatapfel mit seinen süßsauren, roten „Fruchtperlen" ist bei uns zwischen September und Februar erhältlich. Zum **Öffnen der Frucht** schneide ich den Strunk einfach ab und ritze mit einem Messer ein Kreuz in die Stelle. In einer Schüssel mit Wasser breche ich den Granatapfel dann mit den Händen auf. Unter Wasser kann kein Saft spritzen, der hartnäckige Flecken hinterlässt. Die Kerne sinken zu Boden, während Schale und Trennhäute an der Oberfläche abgeschöpft werden können. Die Kerne werden weiterverarbeitet, die Reste entsorgt. Für **Granatapfelsaft** halbieren Sie die Frucht mit einem Messer und pressen die Hälften in einer Zitruspresse aus (1 Granatapfel ergibt ca. 100 ml Saft). Achten Sie bei gekauftem Granatapfelsaft auf zuckerfreie Qualität und wählen Sie am besten Bio-Direktsaft. Granatapfelkerne verfeinern Süßspeisen und Obstsalate (Superfruits-Salat, Seite 161), aber auch herzhafte Gerichte (Quinoa-Taboulé, Seite 88, oder Granatapfel-Gurken-Häppchen, siehe links). Die Kerne bereichern außerdem Fruchtaufstriche, Salate, Smoothies und Desserts.

Spinatsoufflé mit Hanfsamen und Sesamkruste

Für 2 Portionen

200 g **Blatt-spinat**
1 EL Olivenöl
2 Eier
1 EL Butter
4 EL Dinkelvoll-kornmehl
6 EL Milch
1 EL geschälte **Hanfsamen**
Salz
Pfeffer aus der Mühle

frisch geriebene Muskatnuss
etwas Butter oder Öl für die Auflaufformen
2 EL Sesam-samen

■ Den Blattspinat putzen, waschen und trocken schleudern.

■ Das Öl in einem Topf erhitzen und den Spinat einige Minuten unter gelegentlichem Rühren anbraten. Abkühlen lassen, mit den Händen etwas ausdrücken und grob hacken.

■ Den Backofen auf 200 °C (Umluft) vorheizen.

■ Die Eier trennen. Die Butter in einem kleinen Topf oder in einer Pfanne erhitzen. Das Mehl unter Rühren dazugeben und etwas anrösten. Mit der Milch ablöschen und mithilfe eines Schnee-besens das Eigelb und die Hanfsamen unterrühren.

■ Den Spinat untermengen, mit Salz, Pfeffer und Muskatnuss würzen. Das Eiweiß steif schlagen und unterheben.

■ Zwei kleinere oder eine größere Auflaufform einfetten. Die Spinatmischung einfüllen und den Sesam darauf verteilen.

■ Im Backofen auf der mittleren Schiene etwa 20 Minuten ba-cken.

Pflaumen-Chutney mit Ingwer

Für ca. 500 g

500 g frische
Pflaumen
1 rote Zwiebel
ca. 2 cm frischer
Ingwer
1 EL Rohrohr-
zucker
2 EL ungesüßter
Balsamico
Salz

■ Die Pflaumen waschen, trocken tupfen und in Würfel oder Spalten schneiden, dabei entsteinen.

■ Die Zwiebel schälen und klein würfeln, den Ingwer ebenfalls schälen und fein reiben oder hacken.

■ Einen Topf erhitzen. Die Zwiebel und den Ingwer mit dem Zucker kurz karamellisieren lassen.

■ Die Pflaumen dazugeben, mit dem Balsamico ablöschen und salzen. Das Chutney etwa 30 Minuten zugedeckt bei wenig Hitze leicht köcheln lassen, dabei gelegentlich umrühren.

■ Das Chutney frisch servieren oder in 1 bis 2 saubere, mit kochendem Wasser sterilisierte Schraubdeckelgläser einfüllen.

■ Die Gläser verschließen und 5 Minuten auf den Kopf stellen. Anschließend in normaler Position auskühlen lassen. Das Chutney ist 1 Woche im Kühlschrank haltbar.

Tipp

Das Pflau-
men-Chutney
schmeckt beson-
ders gut zu herz-
haften Gerichten,
beispielsweise zu
meiner Wirsing-
Pfanne (Seite
142) oder zu
einem Kartoffel-
auflauf (Seite
134).

Im Porträt: **Avocado**

Botanisch gesehen handelt es sich bei der Avocado (*Persea americana*) um eine Beere, die an einem Baum wächst – nicht etwa um Gemüse. Bis in die 1980er-Jahre galt die Avocado hierzulande als Luxusgut – heute ist sie in jedem Supermarkt erhältlich.

Diese Powerfrucht hat mit bis zu 30 % den höchsten Fettgehalt aller bekannten Obst- und Gemüsesorten – gut sichtbar an der cremig-buttrigen Konsistenz ihres Fruchtfleischs („Butterfrucht"). Bis vor wenigen Jahren war die Avocado deswegen in Verruf geraten, heute weiß man ihre gesunden, überwiegend ungesättigten Fettsäuren zu schätzen. Diese wirken sich positiv auf Blutfett- und Cholesterinspiegel aus, was sogar beim Abnehmen helfen kann und Herz-Kreis-lauf-Erkrankungen vorbeugt. Zudem enthalten die Früchte viele Ballaststoffe, die ebenfalls positive Effekte für Körpergewicht, Darm und Herz besitzen. Weiter geht es mit einer ganzen Palette von Vitalstoffen wie Vitamin A, C und E, B-Vitamine, Folsäure, Kalium, Magnesium, Kupfer und Eisen. Carotinoide und Antioxidantien schützen vor freien Radikalen.

Eine spezielle Kohlenhydratkombination und das enthaltene Lecithin versorgen Nerven und Gehirnzellen mit Energie, was sich konzentrationsfördernd, stimmungsaufhellend und beruhigend auswirkt. Das „Glückshormon" Serotonin kann durch ihren Genuss gebildet werden, ebenso das „Schlafhormon" Melatonin, was die Avocado auch zur „Abendfrucht" macht. Zudem sorgt schon der Verzehr kleiner Mengen dafür, dass zahlreiche Nährstoffe aus anderen Nahrungsmitteln (z.B. aus Früchten und Gemüse) gelöst und damit für unseren Körper verfügbar gemacht werden können. Nicht zuletzt deswegen erfreut sich die Avocado als Smoothie-Zutat großer Beliebtheit.

Verwendung

Avocados reifen nicht am Baum, sondern fallen vorher ab. Sie werden daher früh geerntet und reifen sehr gut nach. Zu Hause kann der Reifeprozess beschleunigt werden, indem man die Frucht in Zeitungspapier einwickelt oder sie neben Äpfeln lagert – aber nicht im Kühlschrank. Gibt die Schale auf Druck leicht nach, ist die Frucht reif. Um sie zu öffnen, schneidet man sie der Länge nach bis zum Kern auf und teilt die beiden Hälften durch eine entgegengesetzte Drehbewegung. Zum Aufbewahren einer Hälfte belässt man den Kern am besten darin. Dennoch wird das Fruchtfleisch an der Luft schnell braun: Bestreichen Sie die Schnittflächen gleich mit Limetten- oder Zitronensaft. Leicht gesalzen wird die Avocado gern als Butterersatz auf Brot verwendet, beispielsweise in Scheiben geschnitten (Avocado-Birnen-Carpaccio, Seite 76) oder als Creme (Pikanter Avocado-Brotaufstrich, Seite 56). Durch ihr mildes, leicht nussiges Aroma und ihre Sämigkeit eignet sie sich auch als Dip oder Salatdressing und schmeckt sogar süß zubereitet als Mousse au Chocolat (Seite 150). Das Fruchtfleisch sollte nicht erhitzt werden: Dann wird es bitter und ungenießbar.

Canapés mit Hanfsamen

Für 1 Backblech

2 EL **Hanfsamen**
8 EL Sonnen-
blumenkerne
8 EL Sesam-
samen
4 EL Kürbiskerne
8 EL (Gold-)Lein-
samen
2 EL **Chia-Samen**
1 TL Kümmel
nach Geschmack
1 TL Salz
75 g Dinkelvoll-
kornmehl
4 EL Olivenöl

■ Die Hanfsamen mit den Sonnenblumenkernen, dem Sesam und den Kürbiskernen in einer Schüssel vermengen. 3 bis 4 EL der Körnermischung beiseitestellen.

■ Leinsamen in einem Mixer fein mahlen und mit Chia-Samen, Kümmel und Salz in eine Schüssel geben.

■ Das Dinkelvollkornmehl, Olivenöl und 180 ml Wasser dazugießen, dabei mit einem Kochlöffel verrühren.

■ Den Backofen auf 175 °C vorheizen (Ober- und Unterhitze). Ein Backblech mit Backpapier auslegen, den Teig dünn darauf verteilen und mithilfe eines Esslöffels oder Teigschabers glatt streichen. Mit der restlichen Körnermischung bestreuen.

■ Den Teig auf der mittleren Schiene 10 Minuten backen. Das Blech aus dem Ofen nehmen und die Teigplatte in Quadrate oder Rechtecke schneiden. Die Canapés erneut auf das Backblech legen und weitere 20 Minuten backen.

Tipp

Als Topping für die Canapés mag ich Hüttenkäse, Kirschtomaten und frisch gemahlenen Pfeffer. Auch ohne Belag ist das Brot ein leckerer Snack für zwischendurch. Damit es schön knusprig bleibt, luftdicht in einer Dose aufbewahren (Haltbarkeit 2 bis 3 Tage).

Quinoa-Blumenkohl-Kugeln

Für 2 Portionen (8 Stück)

60 g weiße Quinoa
250 g Blumenkohl
einige Stängel Petersilie
1 EL Kümmel- oder Fenchelsamen
100 g körniger Frischkäse
2 EL Vollkorn-Semmelbrösel
1 EL Sesamsamen
Salz
Pfeffer aus der Mühle
etwas Olivenöl

■ Die Quinoa gründlich in einem Sieb unter fließendem, kaltem Wasser abspülen. 120 ml Wasser in einem Topf zum Kochen bringen und die Quinoa etwa 10 Minuten darin garen, zwischendurch umrühren und anschließend abgießen.

■ Den Blumenkohl von grünen Blättern und Strunk befreien, waschen und in Röschen schneiden. Etwa 10 Minuten in kochendem Wasser oder einem Dämpfeinsatz garen. Die Petersilienblättchen waschen, trocken tupfen und fein hacken.

■ Den Backofen auf 200°C Ober- und Unterhitze (180°C Umluft) vorheizen.

■ Den Blumenkohl in einer Schüssel mit einem Kartoffelstampfer zerdrücken. Die Kümmelsamen in einem Mörser zerstoßen und mit Quinoa, Petersilie, Frischkäse, Semmelbröseln, Sesam, Salz und Pfeffer zum Blumenkohl geben. Mit den Händen vermengen und 8 etwa tischtennisballgroße Kugeln formen. Die Quinoa-Kugeln auf ein mit Backpapier ausgelegtes Backblech legen und mit etwas Olivenöl bestreichen. Etwa 20 Minuten im vorgeheizten Ofen backen.

Feigen-Ziegenkäse-Türmchen

Für 2 Portionen (4 Stück)

200 g Ziegenkäserolle
4 frische Feigen
1 Schalotte
1 TL Butter
100 ml Gemüsebrühe
4 EL ungesüßter Balsamico
1 TL Kokosblütensirup

▥ Ziegenkäse in 8 Scheiben schneiden (ca. 1 cm dick). Feigen vorsichtig waschen, trocken tupfen und mit einem scharfen Messer in je 3 Scheiben schneiden. Die Schalotte schälen und fein würfeln.

▥ Butter in einem kleinen Topf erhitzen und die Schalottenwürfel anbraten. Mit der Gemüsebrühe ablöschen und einmal aufkochen lassen.

▥ Balsamico und Kokosblütensirup dazugeben. Etwa 2 Minuten im offenen Topf einkochen lassen, dabei gelegentlich umrühren. Mit Pfeffer abschmecken.

▥ Die Feigenscheiben in einer Pfanne mit Olivenöl von beiden Seiten kurz anbraten. Für die Türmchen die Feigen- und Ziegenkäsescheiben abwechselnd aufeinanderschichten. Die Cranberries und die Balsamicosoße darübergeben und servieren.

Pfeffer aus der Mühle
1 EL Olivenöl
2 EL getrocknete, ungesüßte Cranberries

Das Bild zum Rezept finden Sie auf Seite 64.

Avocado-Birnen-Carpaccio

Für 2 Portionen

1 reife Avocado
1 reife Birne
Saft von 1/2 Zitrone
1 TL Kokosblütensirup
1 TL Leinöl
Salz
Pfeffer aus der Mühle
4 EL Walnusskerne

▥ Die Avocado schälen, längs halbieren und den Stein mit einem Löffel entfernen. Das Fruchtfleisch in hauchdünne Scheiben schneiden.

▥ Die Birne waschen, längs vierteln, vom Kerngehäuse befreien und ebenfalls in sehr dünne Scheiben schneiden.

▥ Den Zitronensaft mit dem Kokosblütensirup und dem Leinöl mithilfe eines kleinen Schneebesens verrühren, mit Salz und Pfeffer würzen.

▥ Die Avocado- und Birnenscheiben abwechselnd auf 2 Tellern anrichten und mit dem Dressing beträufeln.

▥ Die Walnusskerne grob hacken und über das Avocado-Birnen-Carpaccio streuen.

Tipp

Das Carpaccio schmeckt nicht nur als Vorspeise, sondern auch als Brotbelag.

Rote-Bete-Süppchen mit Açaí

Für 2 Portionen

300 g Rote Bete
1 Schalotte
1 EL Olivenöl
300 ml Gemüse-
brühe
Salz
einige Stängel
rotes Basilikum
1 EL frisch
geriebener
Meerrettich
1 EL Açaí-Pulver
2 EL Crème
fraîche
2 Msp. Açaí-
Pulver zum
Garnieren

■ Die Rote Bete schälen und klein würfeln; dabei am besten Einmalhandschuhe benutzen, um ein Abfärben zu vermeiden. Die
Schalotte schälen und fein hacken.

■ Das Olivenöl in einem Topf erhitzen. Rote Bete und Schalotte
einige Minuten darin anbraten, dabei gelegentlich umrühren.

■ Mit der Gemüsebrühe ablöschen, salzen und die Suppe etwa
15 Minuten bei wenig Hitze zugedeckt köcheln lassen.

■ Basilikum waschen, trocken tupfen und fein hacken. Mit dem
Meerrettich und dem Açaí-Pulver unterrühren und die Suppe
pürieren.

■ Das Rote-Bete-Süppchen auf 2 Suppengefäße verteilen, mit
Crème fraîche, einigen Basilikumblättchen und dem Açaí-Pulver
garnieren.

Im Porträt: **Cranberry**

Die Cranberry [*Vaccinium macrocarpon*] stammt aus Nordamerika, ist jedoch nah mit unseren Preisel- und Heidelbeeren verwandt. Deutsche Namen sind Großfrüchtige Moosbeere, Kranichbeere oder Kranbeere – am bekanntesten ist sie aber auch hierzulande als Cranberry. Ihr Name kommt daher, dass die Blüten an die Form eines Kranichkopfs erinnern. Vor allem in den USA werden die Beeren großflächig angebaut und reichlich verzehrt – allein das Festmahl zu Thanksgiving ist ohne Cranberrysoße undenkbar. In Deutschland wird das Heidekrautgewächs auch vereinzelt kultiviert; zudem hat man die Pflanzen in einigen Moorgebieten „eingebürgert".

Auch bei Cranberries entscheidet die Vollreife über den maximalen Gehalt an wertvollen Inhaltsstoffen. Je nach Sorte sehen reife Früchte leuchtend rot bis dunkelrot aus. In ihrem Inneren, wo sich auch die kleinen Samen befinden, sollten die Beeren nicht mehr grün, sondern weiß bis rötlich sein. Als frische Kost sind Cranberries aus Nordamerika gelegentlich im Winter in unseren Supermärkten erhältlich – meist sind es aber die Trockenfrüchte, die in unseren Regalen landen.

Neben Vitamin C, E und Ballaststoffen besitzen Cranberries vor allem jede Menge an sekundären Pflanzenstoffen [Flavonoide, Anthocyane und Proanthocyane]. Diese sind stark antioxidativ wirksam und kräftigen das gesamte Immunsystem. Ausreichend dosiert und in reiner Form als Muttersaft getrunken, können Cranberries auch verhindern, dass sich Keime in den Harnwegen ansiedeln. Daher werden sie als traditionelles Hausmittel zur Vorbeugung und Behandlung von Harnwegsinfektionen genutzt. Zudem sollen Cranberries das Zahnfleisch stärken und vor Zahnbelag und Zahnfleischentzündungen schützen.

Verwendung

Frische Cranberries schmecken sehr sauer und herb. Die Trockenfrüchte sind dagegen deutlich süßer – auch ohne Zuckerzusatz! Achten Sie beim Kauf auf ungeschwefelte und ungesüßte Beeren. Teilweise sind die Trockenfrüchte mit Fruchtsüße [z. B. Ananassaft] angereichert, was im Vergleich zu Industriezucker die bessere Wahl ist. Im Sinne von Clean Eating sind gänzlich ungezuckerte Beeren jedoch das gesündeste Lebensmittel. Auch verarbeitete Produkte wie Saft, Marmelade und Kompott enthalten oft viel Zucker – achten Sie daher beim Einkauf auf die Zutatenliste. Getrocknete Cranberries können Sie gut als Ersatz für Rosinen verwenden. Sie eignen sich zum Backen [Quinoa-Cookies, Seite 160] oder als Zutat im Frühstück [Rote Superfruit-Proats, Seite 42]. Aber auch zu herzhaften Gerichten [Feigen-Ziegenkäse-Türmchen, Seite 76 oder Amaranth mit Kohlrabi und Cranberrysoße, Seite 116] schmeckt die süßsaure Beere.

Rezept zum Bild auf Seite 143

kapitel 4

Hauptspeisen

Alle Hauptgerichte, die ich für Sie zusammengestellt habe, sind vegetarisch, viele auch vegan. Ob Sie sich für einen schnellen Grünkohl-Salat, meine wärmende Pastinakensuppe mit Spinatschaum, eine Quinoa-Pizza oder ein anderes Hauptgericht entscheiden: Alle Rezepte passen perfekt ins Clean-Eating-Konzept und beinhalten ein oder mehrere Superfoods. Neben einheimischem Grünkohl, Brokkoli, Kürbis und Spinat finden Sie unter den Zutaten auch die Pseudogetreide Amaranth und Quinoa sowie Hanfsamen und viele weitere Lebensmittel, deren Nährstoffe besonders „super" sind! Die meisten Rezepte sind Alltagsgerichte und schnell zubereitet. Sie können sie zudem gut vorbereiten und mitnehmen – und sich so auch unterwegs clean ernähren.

Natürlich frisch **einfach** gut

Quinoa-Burger mit Brokkoli

Für 6 Stück

100 g weiße
Quinoa
1 **Brokkoli** [ca.
500 g)
1/2 Bund glatte
Petersilie
1 Ei
50 g Dinkelvoll-
kornmehl
40 g Parmesan
Salz
Pfeffer aus der
Mühle
Pflanzenöl zum
Braten

■ Die Quinoa gründlich in einem Sieb unter fließendem, kaltem Wasser abspülen. 200 ml Wasser in einem Topf zum Kochen bringen, und die Quinoa etwa 10 Minuten darin garen. Zwischendurch umrühren und anschließend abgießen.

■ Den Brokkoli waschen, in Röschen schneiden und in kochendem Wasser oder einem Dämpfeinsatz 5 Minuten bissfest garen. Abkühlen lassen und fein hacken. Die Petersilie waschen, trocken tupfen und fein hacken.

■ Die Quinoa mit dem Brokkoli, Petersilie, Ei, Mehl, Parmesan, Salz und Pfeffer vermengen. Mit den Händen etwa 6 flache Burger formen.

■ Pflanzenöl in einer Pfanne erhitzen und die Burger von beiden Seiten goldbraun anbraten.

Tipp

Zu den Burgern passt ein Bärlauch- oder Basilikumdip [Seite 118).

Salat mit Granatapfelsoße und Kresse

Für 2 Portionen

4 Handvoll ge-
mischter Salat
[z. B. Eichblatt,
junger Mangold,
Spinat)
1 **Granatapfel**
1 TL Kokosblüten-
sirup
4 EL **Leinöl**
Salz, Pfeffer aus
der Mühle
1/2 Beet **Kresse**
essbare Blüten
[z.B. Ackerveil-
chen, Gänse-
blümchen oder
Rotklee)

■ Den Salat putzen, waschen, trocken schleudern und auf 2 Tellern anrichten.

■ Die Granatapfelkerne aus der Frucht herauslösen [siehe Seite 69). Die Hälfte der Granatapfelkerne auf dem Salat verteilen. Die restlichen Granatapfelkerne mit dem Kokosblütensirup, Leinöl, Salz und Pfeffer mixen oder pürieren.

■ Das Dressing unter den Salat mengen. Die Kresse vom Beet schneiden, waschen, trocken schütteln und über den Salat streuen. Mit essbaren Blüten garnieren.

Tipp

Zusätzlich passen gewürfelter Feta-Käse oder Sonnenblumen-, Kürbis- und Pinienkerne.

Quinoa-Pizza mit Pilzen

Für 1 Spring-form (Ø 26 cm)

150 g weiße
Quinoa
1 TL getrockneter
Thymian
1 TL getrockneter
Oregano
Salz
1 TL Sonnen-
blumenöl
200 g Tomaten
1 Zwiebel
1 Knoblauchzehe
1 EL Olivenöl
Pfeffer aus der
Mühle
250 g Cham-
pignons
2 EL Bärlauch-
pesto (siehe
Seite 90)
20 g Reibekäse
(z. B. Gouda)

■ Die Quinoa in einem Sieb unter fließendem, kaltem Wasser gründlich abspülen, bis das Wasser klar bleibt. 300 ml Wasser in einem Topf zum Kochen bringen und die Quinoa etwa 10 Minuten darin garen. Zwischendurch umrühren und anschließend abgießen.

■ Die Quinoa mit jeweils 1/2 TL Thymian und Oregano und Salz vermengen. In einem Mixer oder mit einem Pürierstab zu einer homogenen Masse verarbeiten.

■ Den Backofen auf 200°C vorheizen (Ober- und Unterhitze). Den Boden einer Springform mit Backpapier auslegen, die unteren Ränder mit Sonnenblumenöl einpinseln. Die Quinoa in die Springform geben und mit angefeuchteten Händen auf dem Boden der Springform verteilen, mithilfe eines Esslöffels glatt streichen.

■ Den Pizzaboden 30 Minuten im vorgeheizten Ofen backen.

■ Für die Tomatensoße die Tomaten kurz in kochendes Wasser geben, dann abgießen und die Haut abziehen. Vom Strunk befreien und in Stücke schneiden. Die Zwiebel und den Knoblauch schälen, die Zwiebel fein hacken und den Knoblauch durchpressen.

■ Das Olivenöl in einem Topf erhitzen, Zwiebel und Knoblauch kurz anbraten. Die Tomaten sowie den restlichen Thymian und Oregano dazugeben, salzen und pfeffern. Etwa 15 bis 20 Minuten zugedeckt köcheln lassen, zwischendurch umrühren und bei Bedarf noch etwas Wasser hinzufügen, abschmecken. Die Champignons putzen und in Scheiben schneiden.

■ Den fertigen Pizzaboden aus dem Ofen nehmen. Zuerst die Tomatensoße darauf verteilen, dann die Champignons und das Pesto. Mit dem Käse bestreuen, salzen und pfeffern. Die Pizza weitere 10 Minuten im Ofen fertigbacken.

Tipp

Für ein ganzes Backblech von der Quinoa-Pizza verwenden Sie einfach die 2,5-fache Menge der Zutaten.

Im Porträt: **Quinoa**

Das Jahr 2013 wurde von den Vereinten Nationen und der Welternährungsorganisation FAO zum „Internationalen Jahr der Quinoa" erklärt. Das uralte Grundnahrungsmittel der Indianer („Inkareis") kam damit zu neuem Ruhm – weil es uns heute dabei helfen soll, den Hunger auf der Welt zu lindern. Quinoa (*Chenopodium quinoa*) ist als anspruchslose, robuste und klimatisch flexible Pflanze einfach anzubauen. Vor allem aber besitzt das nahrhafte und lang sättigende „Pseudogetreide" vielfältige gesunde Eigenschaften. Das erkannten im 16. Jahrhundert auch die Spanier bei ihren Eroberungszügen gegen die Inkas und Azteken, denen sie den Anbau von Quinoa verboten, um die Völker zu schwächen. Deswegen blieb das für die Indianer heilige Nahrungsmittel auch in Europa bis ins 20. Jahrhundert nahezu unbekannt und avanciert erst seit wenigen Jahren zum Superfood. Und das nicht ohne Grund: Die Körner sind wahre Kraftpakete.

Zum einen ist Quinoa eine wertvolle pflanzliche Eiweißquelle, was besonders für Vegetarier und Veganer wichtig ist. Es enthält alle acht essenziellen, also lebensnotwendigen Aminosäuren – für ein pflanzliches Lebensmittel sehr ungewöhnlich. Darunter ist auch Lysin, das sonst fast nur in Fleisch und Fisch vorkommt (siehe auch Amaranth, Seite 115). Zudem enthält Quinoa viel Eisen, Magnesium, Kalzium, Kalium, Zink, Vitamin E und B-Vitamine sowie überwiegend ungesättigte Fettsäuren. Dazu zählt die Alpha-Linolensäure, eine Omega-3-Fettsäure, die sich sonst fast nur in Fisch findet (siehe auch Leinöl, Seite 93). Zudem wird mit Quinoa das stimmungsaufhellende „Glückshormon" Serotonin gebildet. Die weißen, rotbraunen oder schwarzen Körner der bis zu 2 m hohen Pflanze sind außerdem glutenfrei. Quinoa wird übrigens „kin-wa" ausgesprochen – hierzulande hat sich dennoch „ki-noa" durchgesetzt.

Verwendung

Waschen Sie die Körner vor dem Garen immer gründlich in einem Sieb unter fließendem Wasser, bis es nicht mehr schäumt. So entfernt man die bitteren Saponine, die sich auf der Schale befinden. Bei Säuglingen und Kleinkindern können sie zu Unverträglichkeiten führen, weshalb Quinoa erst ab dem zweiten Lebensjahr empfohlen wird. Die Körner schmecken leicht nussig und lassen sich weitgehend wie Getreide verwenden – ob als Frühstück in Form eines Quinoa-Puddings (Seite 52), als Vorspeise (Quinoa-Kugeln, Seite 75) oder Hauptgericht (Quinoa-Taboulé, Seite 88). Auch als Salat, Suppeneinlage oder für Burger und Bratlinge ist Quinoa geeignet. Beim Backen lässt sich damit Getreidemehl teilweise ersetzen (Pizza, Seite 84, Cookies, Seite 160). Oft wird der „Inkareis" auch einfach wie herkömmlicher Reis als Beilage verwendet: ca. 10 Minuten in der doppelten Wassermenge (1:2) garen. Für Müsli, Joghurt, Dessert und als Backzutat bietet sich gepuffte Quinoa an, die man leicht selbst machen kann (siehe Tipp auf Seite 60).

Quinoa-Taboulé mit Granatapfel

Für 2 Portionen

100 g weiße
Quinoa
200 ml Gemüse-
brühe
1 **Granatapfel**
1/2 **Avocado**
2 EL Pistazien-
kerne
1/2 Bund
Petersilie
1 Stängel Minze
1 EL **Leinöl**
Saft von 1 **Zitrone**
Salz, Pfeffer aus
der Mühle

■ Die Quinoa gründlich in einem Sieb unter fließendem, kaltem Wasser abspülen. Die Gemüsebrühe in einem Topf zum Kochen bringen und die Quinoa etwa 10 Minuten darin garen, zwischendurch umrühren und anschließend abgießen. Abtropfen lassen und in ein Salatgefäß füllen. Nach Geschmack warm halten.

■ Die Kerne aus dem Granatapfel lösen (siehe Seite 69). Die Avocado schälen und längs halbieren. Den Stein mithilfe eines Löffels entfernen, das Fruchtfleisch klein würfeln. Die Pistazienkerne fein hacken. Die Petersilie und die Minze waschen, trocken tupfen und fein hacken. Granatapfelkerne, Avocado, Pistazien und Kräuter zur Quinoa geben.

■ Das Leinöl mit dem Zitronensaft vermischen, salzen, pfeffern und mit dem Taboulé vermengen.

Tipp

Ein Taboulé
(„Petersiliensa-
lat") wird tradi-
tionell aus Bulgur
oder Couscous
gemacht und
kalt serviert. Da
beides nicht ins
Clean-Eating-
Konzept passt,
verwende ich
gerne Quinoa
dafür.

Kartoffeln in Salzkruste mit Quark

Für 2 Portionen

500 g Kartoffeln
(festkochend)
2 EL Salz
1 Schalotte
1 Bund Schnitt-
lauch
250 g Quark
2 EL **Leinöl**
Salz
Pfeffer aus der
Mühle

■ Die Kartoffeln gründlich waschen. In einen Topf geben und zur Hälfte mit Wasser bedecken, das Salz dazugeben. Ein sauberes Küchentuch zusammenfalten und zwischen Topfrand und Deckel klemmen. Aufkochen lassen und 15 bis 20 Minuten auf mittlerer Stufe köcheln.

■ Dann abgießen, sodass nur ca. 1/2 cm Wasser im Topf verbleibt. Die Kartoffeln mit offenem Deckel weiterkochen, bis das verbliebene Wasser verdampft ist.

■ Die Schalotte schälen und fein hacken. Den Schnittlauch waschen, trocken tupfen und in Ringe schneiden. Beides mit dem Quark vermischen. Das Leinöl unterrühren, mit wenig Salz und Pfeffer abschmecken.

Tipp

Dazu passt Feldsalat. Damit der Quark cremiger wird, 2 EL Mineralwasser mit Kohlensäure unterrühren.

Gnocchi mit Bärlauchpesto

Für 2 Portionen

500 g Kartoffeln
1 Eigelb
Salz
125–150 g Dinkel-
vollkornmehl
(siehe Hinweis)
125 g Bärlauch
25 g Pinienkerne
125 ml **Leinöl**
Salz
Pfeffer aus der
Mühle
500 g Kirsch-
tomaten
1 Schalotte
1 EL Olivenöl
Chilipulver
1 EL Butter
Chilifäden

■ Für die Gnocchi die Kartoffeln waschen und in kochendem Wasser ca. 20 Minuten garen. Noch heiß schälen und durch eine Kartoffelpresse drücken. Zügig mit Eigelb, Salz und so viel Mehl verkneten, dass der Teig glatt ist und nicht mehr an den Händen klebt.

■ Eine Teigrolle formen und kleine Teigstücke abschneiden. Diese zwischen den Händen oder mithilfe von Teelöffeln zu Gnocchi formen. Nach Wunsch mit einer Gabel ein Rillenmuster in den Teig drücken. Die Gnocchi in kochendem Wasser einige Minuten kochen, bis sie zur Wasseroberfläche steigen, dann abgießen.

■ Für das Pesto den Bärlauch verlesen, waschen, trocken tupfen oder schleudern und in Streifen schneiden. Die Pinienkerne ohne Fettzugabe unter ständigem Rühren in einer Pfanne anrösten. Mit dem Bärlauch, Leinöl, Salz und Pfeffer kurz pürieren oder mixen.

■ Die Kirschtomaten waschen, vom Strunk befreien und je nach Größe halbieren oder vierteln. Die Schalotte schälen und fein würfeln.

■ Einen kleinen Topf mit dem Olivenöl erhitzen. Die Schalotten anschwitzen und die Tomaten dazugeben. Etwa 3 bis 5 Minuten anbraten, mit Salz, Pfeffer und Chilipulver würzen. Butter in einer Pfanne erhitzen und die Gnocchi anbraten.

■ Die Gnocchi mit dem Bärlauchpesto vermengen, mit den Tomaten zusammen auf Tellern anrichten und mit den Chilifäden garnieren.

Info
Wie viel Mehl für die Gnocchi genau gebraucht wird, hängt von der verwendeten Kartoffelsorte ab und davon, wie fest die kleinen Kartoffelklöße sein sollen. Bereiten Sie doch gleich eine größere Portion zu; die Gnocchi können roh gut eingefroren werden. Dann ohne Auftauen direkt ins kochende Wasser geben.

Salat mit Datteln und Pistazien

Für 2 Portionen

100 g Salat (z. B. junger Mangold)
1/2 Salatgurke
4 **Datteln**
1 EL Olivenöl
1 EL Senf
1 TL Kokosblüten-sirup

1 TL **Leinöl**
Salz
Pfeffer aus der Mühle
50 g ungesalzene Pistazien
1/2 Bund glatte Petersilie
1/2 Beet **Kresse**

■ Den Salat putzen, waschen, trocken tupfen und auf 2 Teller verteilen. Die Gurke waschen und in mundgerechte Würfel schneiden. Die Datteln längs vierteln und entkernen.

■ Das Olivenöl in einer Pfanne erhitzen und die Datteln darin von beiden Seiten anbraten. Für das Dressing den Senf mit dem Kokosblütensirup und dem Leinöl verrühren. Mit Salz und Pfeffer würzen. Das Dressing mit den Gurkenstücken vermengen. Mit den Datteln und den grob gehackten Pistazien zusammen auf dem Salat anrichten.

■ Die Petersilie und die Kresse waschen und trocken tupfen. Petersilie klein zupfen oder hacken und mit der Kresse zusammen auf dem Salat verteilen.

Im Porträt: **Leinöl**

Schon in der Jungsteinzeit wurde Leinöl gepresst und verzehrt. In den letzten Jahrzehnten ist es fast in Vergessenheit geraten, vermutlich durch den Olivenöl-Boom. Zuvor war Leinöl ein beliebtes und günstiges Lebensmittel – das heute langsam aber sicher ein Revival erlebt. Das „flüssige Gold", wie Leinöl auch heißt, wird aus goldenem oder braunem Leinsamen (*Linum usitatissimum*) gepresst. Aufgrund seiner Nährstoffzusammensetzung zählt es zu den gesündesten Pflanzenölen. Es enthält bis zu 70 % der essenziellen Omega-3-Fettsäure Alpha-Linolensäure – so viel wie kein anderes Pflanzenöl und um ein Vielfaches mehr als der dafür bekannte Seefisch! Die mehrfach ungesättigten, lebensnotwendigen Fettsäuren müssen über die Nahrung aufgenommen werden, da der Körper sie nicht selbst herstellen kann. Die heute gängige Ernährung ist jedoch oft arm an Omega-3-Fettsäuren, sodass es hier leicht zu einem Mangel kommen kann.

Alpha-Linolensäure kann Entzündungen hemmen, die Blutgerinnung fördern und die Blutgefäße erweitern. Zudem reguliert sie den Blutdruck, senkt die Cholesterin- und Blutfettwerte sowie das LDL-Cholesterin und wirkt damit vorbeugend gegen Herzinfarkt, Schlaganfall und Thrombosen. Das gesamte Immunsystem wird gestärkt. Angenommen werden zudem eine vorbeugende Wirkung gegen Diabetes und Krebs, eine Steigerung des Denkvermögens sowie eine Linderung von Depressionen und Ängsten. Weil die Alpha-Linolensäure sonst vor allem in Fisch vorkommt, sind besonders Vegetarier und Veganer mit Leinöl gut beraten. In (deutlich geringeren) Mengen findet sie sich auch in Hanf-, Soja-, Raps-, Walnuss- und Kürbiskernöl. Empfohlen werden etwa 1 bis 2 Esslöffel Leinöl am Tag; von zu hohen Verzehrmengen wird abgeraten.

Verwendung

So gesund die Alpha-Linolensäure das Leinöl macht – sie sorgt auch dafür, dass das Öl schnell oxidiert, wenn es mit Luft oder Licht in Berührung kommt. Weil es recht schnell verdirbt und dann bitter schmeckt und unangenehm riecht, sollte es immer gut verschlossen, dunkel und kühl gelagert werden, am besten im Kühlschrank. Haltbar ist es nur 2 bis 3 Monate. Aber selbst ein ranzig gewordenes Leinöl ist zum Wegwerfen zu schade und kann noch zur Pflege von Holzmöbeln genutzt werden.

Das Öl schmeckt nussig und herzhaft. Wem das Aroma zu intensiv ist, der mischt es mit geschmacksneutralen Pflanzenölen wie Sonnenblumenöl. Leinöl ist nicht zum Erhitzen geeignet und kommt daher in der kalten Küche zum Einsatz, beispielsweise als Salatdressing (Quinoa-Taboulé, Seite 88), Pesto (Seite 90) oder in Smoothies. Warme Gerichte können gut nachträglich mit Leinöl verfeinert werden (Kartoffeln in Salzkruste, Seite 89, und Super Bowl, Seite 130).

Spinatsalat mit Ei

Für 2 Portionen

2 Eier
100–150 g junger
Blattspinat
2 EL **Walnuss-
kerne**
2 EL Pekannuss-
kerne
2 EL mittelschar-
fer Senf
frisch geriebene
Muskatnuss
Salz
Pfeffer aus der
Mühle

■ Die Eier nach Geschmack weich oder hart kochen.

■ Den Spinat putzen, waschen, trocken schleudern und auf
2 Tellern anrichten.

■ Walnüsse und Pekannüsse grob hacken.

■ Den Senf mit Muskat vermengen. Die gekochten Eier schälen
und längs vierteln. Auf dem Spinat anrichten, Senf und Nüsse
darübergeben. Mit Salz und Pfeffer würzen.

Mediterraner Spinat-
Tomaten-Auflauf

Für 2 Portionen

75 g Grünkern
75 g Kamut
1 Schalotte
1 Knoblauchzehe
300 g Kirsch-
tomaten
150 g Feta-Käse
250 g **Blatt-
spinat**
1/2 Bund
Basilikum
1 EL Olivenöl
Salz
Pfeffer aus der
Mühle

■ Grünkern und Kamut zusammen in einem Sieb unter fließen-dem Wasser waschen. Beides etwa 30 Minuten in kochendem Wasser zugedeckt bei wenig Hitze garen, dann abgießen.

■ Die Schalotte schälen und fein würfeln, den Knoblauch schä-len und durchpressen. Die Tomaten waschen und halbieren. Den Feta-Käse klein würfeln. Spinat und Basilikum waschen und ver-lesen. Den Spinat trocken schleudern und den Basilikum grob hacken.

■ Den Backofen auf 180 °C vorheizen (Ober- und Unterhitze). Das Olivenöl in einer Pfanne erhitzen und die Schalotte anschwitzen. Tomaten, Spinat und Knoblauch dazugeben und kurz anbraten. Salzen und pfeffern, mit der Sahne ablöschen und einige Minu-ten köcheln lassen, bis der Spinat zusammengefallen ist.

■ Grünkern und Kamut zur Spinat-Tomaten-Mischung geben und verrühren. Eine Auflaufform einfetten und die Mischung hineingeben. Mit Feta-Käse und Basilikum bestreuen und 20 Minuten backen.

200 ml (Soja-
oder Hafer-)
Sahne
etwas Fett für die
Auflaufform

Pastinakensuppe mit Spinatschaum

Für 2 Portionen

120 g Kartoffeln
150 g Pastinaken
1 Schalotte
1 EL Olivenöl
1/2 l Gemüse-
brühe
50 g **Blattspinat**
200 ml (Soja-
oder Hafer-)
Sahne
Salz
Pfeffer aus der
Mühle
2 Stängel
Basilikum

■ Die Kartoffeln und die Pastinaken waschen, schälen und klein würfeln. Die Schalotte schälen und in feine Würfel schneiden. Das Olivenöl in einem Topf erhitzen und die Schalotten darin anschwitzen. Die Pastinaken- und Kartoffelstücke dazugeben und kurz unter gelegentlichem Rühren mitbraten. Mit der Gemüsebrühe ablöschen und die Suppe zugedeckt etwa 15 Minuten köcheln lassen. Den Spinat putzen, waschen und trocken schleudern.

■ In einem zweiten Topf 100 ml Sahne erhitzen und den Spinat 2 bis 3 Minuten darin dünsten, bis er zusammenfällt. Anschließend pürieren. Die restlichen 100 ml Sahne zur Pastinakensuppe geben und mit Salz und Pfeffer würzen. Die Suppe pürieren und auf 2 Teller verteilen. Mit dem Spinatschaum, Pfeffer und Basilikum garnieren.

Im Porträt: **Spinat**

Ein Kommafehler sorgte wohl dafür, dass lange Zeit angenommen wurde, Spinat (*Spinacia oleracea*) würde besonders viel Eisen enthalten und sei essenziell für Wachstum, Knochenbau und Blutbildung. Diese Einschätzung sorgte dafür, dass viele Eltern ihren Kindern den häufig ungeliebten Spinat vorsetzten. Popeye, der Comic-Seemann, der das Blattgemüse büchsenweise in sich reinschüttete und anschließend Superkräfte entwickelte, sorgte um 1930 für eine Steigerung des Spinatverkaufs um über 30 %. Statt der angenommenen 35 mg enthält 100 g frischer Spinat jedoch nur etwa 3,5 mg Eisen. Trotz des Kommafehlers ist Spinat aber sehr gesund und ein wahres Superfood! Neben dem immer noch ansehnlichen Eisengehalt besitzt das Gemüse Vitamin C, B-Vitamine, Magnesium und Kalzium. Ballaststoffe sorgen für eine gesunde Verdauung. Kalium unterstützt die Funktion von Muskeln und Nerven. Betacarotin wird vom Körper in Vitamin A umgewandelt und fördert wie das ebenfalls enthaltene Vitamin K das Wachstum der Knochen; zudem eine gesunde Sehfunktion und schöne Haut.

In einer Studie der schwedischen Lund Universität wurde gezeigt, dass Spinat beim Abnehmen helfen kann: Das Gemüse wirkt wie ein natürlicher Appetitzügler, macht schnell satt, beugt Heißhungerattacken vor und beschleunigt den Gewichtsverlust. Wie Mangold oder Rhabarber enthält Spinat allerdings auch Oxalsäure, die Mineralstoffe an sich bindet. Dies fällt aber normalerweise nur beim regelmäßigen Verzehr großer Mengen ins Gewicht. Bedenklich kann das Gemüse wegen des enthaltenen Nitrats lediglich für Menschen mit Nierenproblemen und für Babys sein. Für einen möglichst geringen Nitratgehalt sollte man Spinat nicht aufwärmen und nur kurz lagern. Der Gehalt an Oxalsäure wird durch Kochen vermindert, wobei ein Teil davon ins Kochwasser übergeht. Zum anderen verringert der gleichzeitige Verzehr von Milchprodukten die schädliche Wirkung: Nicht umsonst wird Spinat beim Kochen klassischerweise Milch oder Sahne hinzugefügt.

Verwendung

Der etwas zartere und feinere Frühlings- bzw. Sommerspinat hat bei uns von März bis Juni Saison. Zwischen September und November wird der gröbere Winterspinat geerntet. Spinat fällt beim Garen stark zusammen und reduziert sein Volumen auf etwa ein Zehntel. Gekocht oder gegart kommt er als Gemüse zum Einsatz (Reis-Spinat-Curry, Seite 98), in Lasagne oder Aufläufen (Mediterraner Spinat-Tomaten-Auflauf, Seite 95), Quiches oder Soufflés (Spinatsoufflé mit Sesamkruste, Seite 70), Nudelsoßen, Eintöpfen und Suppen (Pastinakensuppe mit Spinatschaum, siehe links). Auch roh kann das Blattgemüse gut verzehrt werden, zum Beispiel als Salat (Spinatsalat, Seite 94) oder in einem grünen Smoothie.

Pasta mit Kichererbsen

Für 2 Portionen

80 g getrocknete **Kichererbsen**
250 g Nudeln aus Dinkelvoll-kornmehl (z. B. Penne)
1 Zwiebel
1 Knoblauchzehe

■ Die Kichererbsen über Nacht in reichlich Wasser einweichen. In ein Sieb abgießen, abspülen und mit frischem Wasser in einem Topf aufsetzen. Aufkochen lassen und zugedeckt bei wenig Hitze köcheln lassen. Nach 45 Minuten Garzeit probieren, ob die Kichererbsen gar sind, dann abgießen.

■ Die Nudeln nach Packungsanweisung garen, abschütten und mit kaltem Wasser abschrecken. Die Zwiebel und die Knoblauchzehe schälen, die Zwiebel fein hacken und den Knoblauch durchpressen. Die Tomaten kurz in kochendes Wasser geben. Abgießen, enthäuten, vom Strunk befreien und in grobe Stücke schneiden. Mit 150 ml Wasser pürieren oder mixen, mit Thymian und Oregano würzen.

■ Das Olivenöl in einem Topf erhitzen, Zwiebel und Knoblauch anschwitzen. Kichererbsen und Tomatenpüree dazugeben und 10 Minuten zugedeckt köcheln. Mit Salz und Pfeffer abschmecken. Die Nudeln untermischen, kurz erhitzen und servieren.

400 g Tomaten
Thymian
Oregano
1 EL Olivenöl
Salz
Pfeffer aus der Mühle

Reis-Spinat-Curry

Für 2 Portionen

120 g Vollkornreis
250 g **Blatt-spinat**
1 Zwiebel
1 Knoblauchzehe
2–3 cm frischer **Ingwer**
2 EL **Kokosöl**
400 ml **Kokos-milch**
2 EL **Kokosmehl**
1 EL Currypulver
Salz
Pfeffer aus der Mühle
Saft von 1/2 **Zitrone**
2 EL **Hanfsamen**

■ 240 ml Wasser zum Kochen bringen und den Reis nach Packungsanweisung garen, anschließend abgießen.

■ Den Spinat putzen, waschen und trocken schleudern. Die Zwiebel, den Knoblauch und den Ingwer schälen. Die Zwiebel und den Ingwer fein hacken, den Knoblauch durch eine Knoblauchpresse drücken.

■ Das Kokosöl in einer großen Pfanne erhitzen. Zwiebel, Knoblauch und Ingwer unter gelegentlichem Rühren anschwitzen. Den Spinat dazugeben, kurz mitbraten und mit der Kokosmilch ablöschen. Etwa 10 Minuten bei wenig Hitze zugedeckt köcheln lassen.

■ Das Kokosmehl unterrühren und mit Currypulver, Salz, Pfeffer und Zitronensaft abschmecken. Das Curry auf dem Reis anrichten und mit den Hanfsamen garnieren.

Tipp

Kokosmehl eignet sich aufgrund seiner Saug- bzw. Quellfähigkeit hervorragend als feines und glutenfreies Bindemittel für Currys, Suppen, Soßen, Eintöpfe und Aufläufe.

Im Porträt: **Kichererbse**

Trotz ihres lustigen Namens lacht die Kichererbse nicht – wenngleich sie in Wasser eingeweicht knackende Geräusche macht. Der Begriff „Kichererbse" (*Cicer arietinum*) lässt sich vielmehr darauf zurückführen, dass die alten Römer die Pflanze lateinisch „cicer" nannten, was sich im Althochdeutschen zu „kihhira" und schließlich zu „kicher'" entwickelte. Trotz ihres Namens ist die Kichererbse auch nicht mit der Erbse verwandt, wobei sie auch zur Familie der Hülsenfrüchte zählt. Die Kichererbse kann aber noch mehr als für gute Laune zu sorgen: Sie ist lecker und sehr gesund. In vielen Regionen der Erde zählt sie zu den Grundnahrungsmitteln.

Das Superfood ist eine wertvolle Proteinquelle, besonders für Vegetarier und Veganer: Kichererbsen liefern mehr Protein als beispielsweise Hühnerbrust- oder Rinderfilet. Zudem enthalten sind die Vitamine A, C, E, B-Vitamine sowie viel Folsäure, Magnesium, Mangan, Eisen, Kalzium und Zink. Ballaststoffe fördern die Verdauung und die Darmgesundheit und sorgen für eine lang anhaltende Sättigung. Dazu kommen jede Menge Antioxidantien, darunter Flavonoide. Die Saponine sollen blutfettsenkend wirken und so Herz und Kreislauf schützen. Bei regelmäßigem Verzehr beeinflussen Kichererbsen den Blutzucker- und Cholesterinspiegel positiv; das macht sie für Diabetiker interessant und ist hilfreich gegen Heißhungerattacken. Den enthaltenen Isoflavonen wird eine entzündungshemmende Wirkung zugeschrieben. Sehr gesund sind auch gekeimte Kichererbsen als Sprossen (siehe auch Seite 144).

Verwendung

Kichererbsen sind das ganze Jahr über konserviert erhältlich: getrocknet oder vorgekocht in Gläsern. In getrockneter Form werden sie zunächst eingeweicht, wobei sie ihr Volumen verdoppeln bis verdreifachen: 10 g getrocknete Kichererbsen entsprechen etwa 25 g gegarten Kichererbsen. Im Rohzustand enthalten Kichererbsen den Giftstoff Phasin, der jedoch beim Kochen zerfällt. Schütten Sie das Einweichwasser daher immer weg und benutzen Sie zum Kochen frisches Wasser. Das Kochwasser kann dagegen als **veganer Eischnee** verwendet werden, beispielsweise für Macarons, Baisers und Marshmallows. Dazu einfach 100 ml Kichererbsenwasser mit dem Rührgerät aufschlagen – das entspricht 4 tierischen Eiweiß.

Ob als Hummus, Tahin, Falafel (Seite 103), Suppenzutat (Seite 102), in Currys (Seite 132) oder als Zugabe in Salaten – Kichererbsen kann man aufgrund ihres nussigen, milden Aromas vielfältig zubereiten. Auch als gesunder Clean-Eating-Snack kommen sie zum Einsatz: **Geröstete Kichererbsen** können zwischendurch geknabbert oder über den Salat gestreut werden. Vermengen Sie dazu 200 g gekochte Kichererbsen mit 2 EL Olivenöl, 1/2 TL Meersalz und Gewürzen nach Wahl. Bei 180 °C (Umluft) 30 Minuten backen.

Kichererbsensuppe mit Dill

Für 2 Portionen

80 g getrocknete
Kichererbsen
500 g Kartoffeln
1 Zwiebel
1 Stange Lauch
1 EL Olivenöl
500 ml Gemüse-
brühe
einige Stängel
Dill
100 ml (Soja-
oder Hafer-)
Sahne
Salz
Pfeffer aus der
Mühle

■ Die Kichererbsen über Nacht in reichlich Wasser einweichen. Danach in ein Sieb abgießen, abspülen und mit frischem Wasser in einem Topf aufsetzen. Aufkochen lassen und zugedeckt bei wenig Hitze köcheln lassen. Nach 45 bis 60 Minuten Garzeit probieren, ob die Kichererbsen gar sind. Dann abgießen.

■ Die Kartoffeln schälen, waschen und grob würfeln. Die Zwiebel schälen und fein würfeln. Den Lauch putzen, längs halbieren, unter fließendem Wasser waschen, abtropfen lassen und in Ringe schneiden.

■ Das Olivenöl in einem Topf erhitzen und die Zwiebeln kurz darin anschwitzen. Dann die Kartoffeln dazugeben, mit der Gemüsebrühe ablöschen und 10 Minuten köcheln lassen. Den Lauch hinzufügen und die Suppe weitere 10 Minuten köcheln lassen. Dill waschen, trocken tupfen und fein schneiden, einige Blättchen für die Garnitur ganz belassen.

■ Die Sahne und den klein geschnittenen Dill dazugeben und die Suppe pürieren. Die Kichererbsen unterheben und die Suppe nochmals aufkochen lassen. Mit Salz und Pfeffer abschmecken, auf Teller verteilen und mit Dillblättchen garnieren.

Maca-Falafel mit Petersiliensalat

Für 8 Falafeln

80 g getrocknete
Kichererbsen
1 kleine Zwiebel
1 Knoblauchzehe
1/2 Bund glatte
Petersilie
Salz
Pfeffer aus der
Mühle
1 TL Kümmel-
samen
1 EL **Maca-Pulver**
1 TL Weinstein-
Backpulver
Öl zum Braten

■ Die Kichererbsen über Nacht in reichlich Wasser einweichen. In ein Sieb abgießen und mit frischem Wasser abspülen. Mit einem Pürierstab, Mixer oder einer Küchenmaschine fein pürieren.

■ Die Zwiebel schälen und fein würfeln, den Knoblauch schälen und durchpressen. Petersilie waschen, trocken schütteln und fein hacken. Petersilie, Zwiebel, Knoblauch, Salz, Pfeffer, Kümmel, Maca-Pulver, Backpulver und 50 ml Wasser zu der Kichererbsenmasse geben. Mit den Händen gut vermengen. Ist der Teig zu fest zum Formen, etwas mehr Wasser dazugießen. Ist er zu flüssig, etwas Vollkornmehl untermischen. Den Teig etwa 30 Minuten ruhen lassen.

■ Für den Salat die Tomaten waschen, vom Stielansatz befreien und klein würfeln. Die Zwiebel schälen und fein würfeln, mit den Tomaten in eine Schüssel geben. Petersilie waschen, trocken schütteln, fein hacken und hinzufügen. Den Zitronensaft mit Leinöl, Joghurt, Salz, Pfeffer und Kümmel verrühren und mit dem Tomatensalat vermengen.

■ Aus der Kichererbsenmasse etwa tischtennisballgroße Bällchen formen. Öl in einer Pfanne erhitzen und die Bällchen einige Minuten rundum goldbraun anbraten. Die Falafel auf Küchenkrepp abtropfen lassen und mit dem Petersiliensalat servieren.

Info
Statt Kümmel passen auch Koriander, Kreuzkümmel, edelsüßer Paprika und Chili in die Falafel. Den Petersiliensalat können Sie auch mit Basilikum, Schnittlauch oder Oregano würzen.

Für den Petersiliensalat
200 g Tomaten
1 rote Zwiebel
1/2 Bund glatte
Petersilie
Saft von 1/2
Zitrone
1 EL **Leinöl**
4 EL (Soja-)
Joghurt
Salz
Pfeffer aus der
Mühle
1 TL Kümmel-
samen

Feldsalat mit Bohnen
und Kichererbsen

Für 2 Portionen

50 g getrocknete
Kichererbsen
40 g getrocknete
Kidneybohnen
150 g Feldsalat
1/2 Bund
Radieschen
2 EL **Leinöl**
Salz
Pfeffer aus der
Mühle
2 EL Sonnen-
blumenkerne

■ Kichererbsen und Kidneybohnen über Nacht in reichlich Wasser einweichen. In ein Sieb abgießen, abspülen und mit frischem Wasser in einem Topf aufsetzen. Zum Kochen bringen und zugedeckt bei wenig Hitze köcheln lassen. Nach etwa 60 Minuten Garzeit probieren, ob Bohnen und Kichererbsen gar sind. Dann abschütten und abkühlen lassen.

■ Den Feldsalat verlesen, waschen und trocken schleudern. Die Radieschen putzen, waschen und in dünne Scheiben schneiden. Feldsalat, Kichererbsen, Kidneybohnen und Radieschen mit dem Leinöl vermengen. Mit Salz und Pfeffer würzen und den Salat mit Sonnenblumenkernen garnieren.

Tipp

Um Zeit zu sparen, kann man zum Garen der Hülsenfrüchte einen Schnellkochtopf verwenden. Alternativ eignen sich auch Kichererbsen (150 g) und Kidneybohnen (100 g) aus dem Glas. Achten Sie darauf, dass sich darin keine Zusatzstoffe (wie z. B. Zucker) finden.

Cremige Penne mit
Kürbisspalten

Für 2 Portionen

250 g Nudeln
aus Dinkelvoll-
kornmehl (z. B.
Penne)
ca. 1/4 **Hokkaido-
kürbis**
1 EL Sonnen-
blumenöl
1 TL Ceylon-Zimt-
pulver
1 Msp. Vanillepul-
ver oder -mark
150 g Kirsch-
tomaten

■ Den Backofen auf 200 °C vorheizen (Ober- und Unterhitze). Die Nudeln nach Packungsanweisung garen, abschütten und mit kaltem Wasser abschrecken.

■ Den Kürbis waschen, halbieren und mithilfe eines Esslöffels die Kerne herausschaben. Den Kürbis mit Schale in fingerdicke Spalten schneiden. Ein Backblech mit Backpapier auslegen. Die Kürbisspalten auf das Backpapier legen, Zimt und Vanille gleichmäßig auf den Spalten verteilen.

■ Die Kürbisspalten etwa 20 Minuten im vorgeheizten Ofen backen. Die Tomaten waschen und nach 10 Minuten Backzeit zusätzlich auf das Backblech legen. Basilikum waschen, trocken tupfen und die Blätter in schmale Streifen schneiden.

■ 1 EL Sonnenblumenöl in einem Topf erhitzen und die Nudeln darin schwenken. Sahne und Basilikum dazugeben, mit Salz und Pfeffer würzen. Die Penne 2 bis 3 Minuten köcheln lassen, dabei öfter umrühren. Auf 2 Teller verteilen, mit den Kürbisspalten und Tomaten anrichten.

6–8 Stängel
Basilikum
200 ml (Soja-
oder Hafer-)
Sahne
Salz
Pfeffer aus der
Mühle

Kürbissuppe mit Chia

Für 2 Portionen

500 g Hokkaido-
kürbis
1–2 Möhren
1 kleine Zwiebel
1 EL Olivenöl
500 ml Gemüse-
brühe
Salz
Pfeffer aus der
Mühle
1 EL Chia-Samen

■ Den Kürbis waschen, mit einem scharfen Messer halbieren und die Kerne mit einem Esslöffel herausschaben. Die passende Menge abwiegen und mit Schale in Würfel schneiden. Die Möhren waschen, putzen und in Scheiben schneiden. Die Zwiebel schälen und fein würfeln.

■ Das Olivenöl in einem Topf erhitzen und die Zwiebel anschwitzen. Kürbis und Möhren dazugeben, kurz anbraten und mit Gemüsebrühe ablöschen. Etwa 10 Minuten bei mittlerer Temperatur zugedeckt köcheln lassen, zwischendurch umrühren.

■ Die Suppe mit einem Stabmixer fein pürieren, mit Salz und Pfeffer abschmecken. Die Chia-Samen unterrühren und etwa 10 Minuten quellen lassen, die Suppe dabei warm halten.

Tipp

Die Chia-Samen binden und verdicken die Suppe (siehe auch Seite 33).

Im Porträt: **Kürbis**

Nach einem irischen Brauch werden zu Halloween Kürbisse (*Cucurbita spec.*) ausgehöhlt, geschnitzt und in Laternen verwandelt. Auch Kürbis-Wettbewerbe und -Festivals, für die möglichst große Kürbisse gezüchtet werden, haben eine lange Tradition in Irland und den USA – und kommen zusehends auch bei uns in Mode. So wurde in Ludwigsburg 2014 der schwerste Kürbis der Welt vorgeführt, der ganze 1054 Kilogramm wog. Dennoch gilt der Kürbis botanisch als Beere! Weltweit gibt es rund 800 verschiedene Arten; am bekanntesten ist der Hokkaido, der mitsamt Schale verzehrt wird. Die Früchte können rund, oval, länglich, flaschen- oder gar ufoförmig sein, mit verschiedenen Farben, Mustern und häufig mit Auswüchsen versehen. Auch die Geschmacksnuancen sind vielfältig: von mild und neutral über nussig bis süßlich und fruchtig.

Das heimische Superfood besteht, ähnlich wie Gurken oder Melonen, zu rund 90 % aus Wasser und ist sehr kalorienarm. Es enthält hochwirksame Antioxidantien wie Carotinoide: Betacarotin unterstützt als Vorstufe von Vitamin A die Augenfunktion und ist wichtig für den Stoffwechsel, die Haut, das Wachstum und den Aufbau von Blutkörperchen. Weiterhin fungiert Betacarotin als Schutzstoff, der die Körperzellen vor einer Schädigung durch freie Radikale bewahren kann (siehe Seite 19f.). Carotinoide gelten als vorbeugend gegen Krebs, Herz- und Gefäßkrankheiten. Auch Phytosterine hat der Kürbis zu bieten: pflanzliche Hormone, die Prostata-, Blasen- und Harnwegsbeschwerden positiv beeinflussen können, den Cholesterinspiegel senken und entzündungshemmend wirken. Die enthaltene Kieselsäure hält Haut, Nägel und Bindegewebe in Form. Dazu kommen B-Vitamine sowie die Vitamine C und E, verschiedene Mineralstoffe, besonders Kalium und Selen, und ein hoher Anteil an ungesättigten Fettsäuren. Darunter ist auch die wertvolle Linolsäure. Sie ist essenziell, also lebensnotwendig – unser Körper kann sie nicht selbst herstellen.

Verwendung

Neben Klassikern wie einer Kürbissuppe (siehe links) sind Gemüsepfannen mit Kürbis, Currys (Seite 132) und gebackener Ofenkürbis (Seite 105) leckere Hauptgerichte. Ob als Kürbisbrot mit Hanfsamen (Seite 58), süßsaures Kürbis-Chutney, Kürbispudding oder der in den USA beliebte „Pumpkin Pie" – die Zubereitungsmöglichkeiten sind vielfältig. Das Fruchtfleisch des Spaghetti-Kürbisses lässt sich als Ersatz zu Getreide-Spaghetti verwenden. Geröstete Kürbiskerne sind ein idealer Clean-Eating-Snack oder dienen als Topping für Salate und Müsli. Für einen Reifetest einfach auf die Schale klopfen: Klingt es hohl, ist der Kürbis reif. Die Saison ist im Herbst und Winter, vielerorts sind Kürbisse auch bis in den Sommer als Lagerware erhältlich. Konservieren können Sie Kürbis tiefgekühlt: entweder roh in Würfel geschnitten, blanchiert oder als Mus.

Süßkartoffel-Kumpir
mit Brokkoli

■ Den Backofen auf 200 °C Ober- und Unterhitze (180 °C Umluft) vorheizen. Die Süßkartoffeln waschen und mit einer Gabel mehrere Löcher hineinstechen. Auf einem mit Backpapier ausgelegten Backblech etwa 45 Minuten backen, bis die Haut knusprig ist.

■ Den Brokkoli waschen, in Röschen schneiden und in kochendem Wasser oder einem Dämpfeinsatz etwa 5 Minuten bissfest garen.

■ Den Feta in Würfel schneiden, den Parmesan reiben. Die gegarten Süßkartoffeln längs aufschneiden. Mithilfe einer Gabel das Innere der Kartoffeln mit Butter und Parmesan vermischen.

■ Die Brokkoliröschen dazugeben und den Kumpir mit Feta garnieren. Mit wenig Salz und Pfeffer nach Geschmack würzen.

Tipp

Ein „Kumpir" ist eine türkische Spezialität: Dazu wird das Innere von Backofen-Kartoffeln mit Käse und Butter vermischt. Durch die Süßkartoffeln wird der Kumpir noch cremiger.

Spargelsalat mit Brokkoli

Für 2 Portionen

1 **Brokkoli**
1 Ei
500 g grüner
Spargel
1 EL Olivenöl
2 EL **Walnuss-
kerne**
2 EL Pekannuss-
kerne
einige Stängel
glatte Petersilie
1 EL **Leinöl**
Salz
Pfeffer aus der
Mühle

■ Den Brokkoli waschen, in Röschen schneiden und in kochendem Wasser oder einem Dämpfeinsatz etwa 5 Minuten bissfest garen.

■ In einem kleinen Topf Wasser aufkochen und das Ei in 10 Minuten hart kochen. Abgießen, kalt abschrecken und pellen. Auskühlen lassen und in Scheiben schneiden. Den Spargel waschen, von den holzigen Enden befreien und in mundgerechte Stücke schneiden.

■ Das Olivenöl in einer Pfanne erhitzen und den Spargel bei mittlerer Hitze unter gelegentlichem Wenden etwa 5 Minuten anbraten. Die Walnüsse und Pekannüsse grob hacken. Die Petersilie waschen, trocken tupfen und fein hacken.

■ Brokkoli, Spargel und Ei in eine Schüssel geben. Das Leinöl mit Salz, Pfeffer und Petersilie vermengen und vorsichtig unter den Salat heben. Mit den Nüssen garnieren.

Tipp

Statt Pekannüssen eignen sich auch Haselnüsse oder Sonnenblumenkerne.

Brokkoli-Salat

Für 2 Portionen

1 **Brokkoli**
200 g Kirschto-
maten
80 g getrock-
nete, in Öl ein-
gelegte Tomaten
1 kleine rote
Zwiebel
4 EL (Soja-)
Joghurt
1 EL mittelschar-
fer Senf

■ Den Brokkoli waschen, in kleine Röschen schneiden und in einem Dämpfeinsatz oder kochendem Wasser etwa 5 Minuten bissfest garen und abkühlen lassen.

■ Die Kirschtomaten waschen und halbieren. Die eingelegten Tomaten abtropfen lassen, Öl beiseitestellen und Tomaten klein schneiden. Die Zwiebel schälen und klein würfeln.

■ Für das Dressing 1 EL Öl von den getrockneten Tomaten mit Joghurt, Senf, Salz und Pfeffer verrühren. Den Brokkoli mit Tomaten und Zwiebeln in eine Schüssel geben und mit dem Dressing anrichten.

Salz
Pfeffer aus der
Mühle

Tipp

Walnüsse, Son-
nenblumenkerne,
Mozzarella oder
Parmesan unter-
mischen.

Im Porträt: **Brokkoli**

Brokkoli bedeutet so viel wie „Ärmchen" beziehungsweise „Schösslinge", womit seine Form beschrieben wird – besteht das Sprossgemüse doch aus vielen kleinen Röschen. Erst seit Ende der 1970er-Jahre ist Brokkoli in Deutschland bekannt – seitdem hat seine Beliebtheit rasant zugenommen. Heute ist er aus keinem Supermarkt mehr wegzudenken. Vor allem der grüne Brokkoli (*Brassica oleracea*), auch Spargelkohl genannt, erfreut sich großer Beliebtheit. Kaum jemand kennt dagegen die weißen, gelben und violetten Brokkolisorten, die gelegentlich auf Wochenmärkten und teilweise auch im Einzelhandel angeboten werden. Je dunkler seine Farbe ist, desto mehr Anthocyane und Chlorophyll enthält der grüne Brokkoli – Antioxidantien, die das Gemüse zu einem echten Superfood machen.

Auch das antioxidativ wirksame Betacarotin und ein Senföl namens Sulforaphan sorgen für ein starkes Gesundheits-Plus. Sie bekämpfen freie Radikale, kräftigen das gesamte Immunsystem und halten das Herz gesund. Sulforaphan soll eine stark krebshemmende Wirkung haben, was vom Deutschen Krebsforschungszentrum (DKFZ) bestätigt wird. Auch vorbeugende Effekte gegen die Alzheimer-Erkrankung, verschiedene Atemwegserkrankungen und Diabetes werden untersucht. Neben Brokkoli wird insbesondere der Verzehr von Brokkolisprossen empfohlen. Brokkoli ist zudem reich an Vitamin C, E, B-Vitaminen und dem essenziellen Spurenelement Chrom. Vitamin K und Kalzium stärken die Knochen, Kalium ist wichtig für Muskeln, Nerven und Wasserhaushalt und senkt den Blutdruck. Eisen wird für die Blutbildung und den Sauerstofftransport im Körper benötigt. Damit diese wertvollen Inhaltsstoffe, darunter auch das wichtige Sulforaphan, vom Körper möglichst gut aufgenommen werden können, sollte man Brokkoli nur kurz und schonend garen (Dämpfeinsatz) – und gut kauen.

Verwendung

In Deutschland hat Brokkoli zwischen Juni und November Saison. Im Winter und Frühjahr wird er hauptsächlich aus Italien und Spanien importiert. Brokkoli sollte nicht lange gelagert werden, denn er wird rasch welk und verliert dann seine wertvollen Inhaltsstoffe. Nicht nur die Röschen können gegessen werden – auch die Blätter und der geschälte Strunk, der geschmacklich leicht an grünen Spargel erinnert („Spargelkohl"). Auch roh kann man ihn verzehren. Ob in Suppen, als Gemüsepfanne oder -füllung (Süßkartoffel-Kumpir, Seite 108), Salat (Brokkoli-Salat, siehe links, und Spargelsalat mit Brokkoli, Seite 109), als Soße (Amaranth mit Brokkoli-Mandel-Soße, Seite 112) oder sogar als Burger (Brokkoli-Quinoa-Burger mit Dip, Seite 82) – Brokkoli besitzt immer einen angenehmen, milden Geschmack. Aus seinen Samen können Sie gut Sprossen ziehen (siehe Seite 144).

Amaranth mit Brokkoli-Mandel-Soße

Für 2 Portionen

120 g **Amaranth**
1 **Brokkoli**
100 ml Mandel-
milch
50 ml (Soja- oder
Hafer-)Sahne
50 g Mandelmus
Salz
Pfeffer
40 g geriebener
Parmesan
2 EL gehobelte
Mandeln

■ Den Amaranth in einem Sieb unter fließendem Wasser waschen. In 360 ml Wasser aufkochen und etwa 30 Minuten bei wenig Hitze zugedeckt garen, dann abgießen.

■ Den Brokkoli waschen, in kleine Röschen schneiden und in einem Dämpfeinsatz oder kochendem Wasser etwa 5 bis 8 Minuten garen, dann abkühlen lassen.

■ Für die Brokkoli-Mandel-Soße den Brokkoli mit der Mandelmilch, der Sahne, dem Mandelmus, Salz, Pfeffer und Parmesan mixen oder pürieren. Den Amaranth auf 2 Teller geben, die Soße darauf verteilen und mit den gehobelten Mandeln garnieren.

Amaranth-Salat mit Spargel

Für 2 Portionen

100 g **Amaranth**
300 ml Gemüse-
brühe
250 g weißer
Spargel
1/2 Salatgurke
2 Tomaten
2 EL Pinienkerne
2 EL **Leinöl**
Salz
Pfeffer aus der
Mühle

■ Den Amaranth in einem Sieb unter fließendem Wasser waschen. In der Gemüsebrühe aufkochen und etwa 30 Minuten bei
wenig Hitze zugedeckt garen, dann abgießen.

■ Den Spargel schälen und die holzigen Enden abschneiden.
Spargel in mundgerechte Stücke schneiden und in reichlich
Wasser 15 bis 20 Minuten garen, dann abgießen.

■ Die Gurke und die Tomaten waschen. Die Tomaten vom Strunk
befreien und mit der Gurke in mundgerechte Stücke schneiden.
Die Pinienkerne in einer Pfanne ohne Fettzugabe unter Rühren
goldgelb anrösten.

■ Den Amaranth mit dem Spargel, der Gurke und den Tomaten
in eine Schüssel geben. Das Leinöl darübergießen, mit Salz und
Pfeffer würzen und den Salat gut durchmischen. Mit Pinienker-
nen bestreuen.

Tipp

Dazu passt
grüner Salat oder
meine Canapés
mit Hanfsamen
(Seite 74).

Im Porträt: **Amaranth**

Wie Quinoa (Seite 87) ist der Amaranth (*Amaranthus caudatus*) ein sogenanntes Pseudogetreide: Botanisch zählt er zu den Fuchsschwanzgewächsen und nicht, wie unser herkömmliches Getreide, zu den Süßgräsern. Grabfunde zeigen, dass die Pflanze mit den auffällig prächtigen, roten Ähren in Mexiko schon vor rund 9000 Jahren kultiviert wurde. Damit zählt sie zu den ältesten Nutzpflanzen der Menschheit. Für die Azteken, Inkas und Maya war Amaranth neben Quinoa und Mais ein wichtiges und heiliges Grundnahrungsmittel. Hierzulande gewinnt der Getreideersatz erst seit wenigen Jahren an Bedeutung. Dabei ist Amaranth unseren gängigen Getreidesorten durch sein geballtes Potenzial an leicht verwertbaren Nährstoffen weit überlegen. Aufgrund des sehr hohen Eiweißgehalts und der Aminosäure Lysin ist Amaranth gerade für Vegetarier und Veganer ein wichtiges Lebensmittel. Zudem enthält er kein Klebereiweiß und ist damit glutenfrei.

Amaranth besitzt sämtliche essenziellen Aminosäuren, die der Körper nicht selbst bilden kann, darunter Lysin. Dieses ist nur in wenigen (Pseudo-)Getreiden enthalten und kommt vor allem in Milchprodukten und Fleisch vor. Lysin stärkt das Immunsystem, kräftigt Knochen, Haare und Fingernägel und ist gut für Bindegewebe und Haut. Zudem enthält Amaranth viel Eisen, Lecithin, Kalzium, Magnesium, Zink und wertvolle ungesättigte Fettsäuren wie Linolsäure (Omega 6) und Alpha-Linolensäure (Omega 3). Dazu kommen Ballaststoffe, die sättigen, verdauungsanregend wirken und die Darmgesundheit fördern. Vergleichsweise gering ist der Anteil an Kohlenhydraten; diese sind besonders leicht verwertbar und sorgen für eine lang anhaltende Sättigung. Durch den regelmäßigen Verzehr von Amaranth soll man chronischen Kopfschmerzen und Migräne vorbeugen können; außerdem wird das „Glückshormon" Serotonin durch Amaranth im Körper gebildet. Für Kinder wird das Pseudogetreide erst ab dem zweiten Lebensjahr empfohlen – es enthält Gerbstoffe, die ihre Nährstoffaufnahme im Darm vermindern können.

Verwendung

Amaranth besitzt ein leicht nussiges, mildes Aroma und ist als purer Samen, Mehl und in gepuffter Form erhältlich. Gepuffte Amaranth-Pops können Sie wie gepuffte Quinoa leicht selbst herstellen (siehe Seite 60). Sie schmecken im Müsli und auf dem Obstsalat, können aber auch in Brot, Gebäck, Aufläufen oder Amaranth-Riegeln verarbeitet werden. Da die Samen kein Klebereiweiß enthalten, kann das daraus gewonnene Mehl nur zusammen mit anderem Getreide zu Brot oder Gebäck verarbeitet werden. Ich verwende Amaranth am liebsten wie Reis, wobei er im Vergleich eine klebrigere Konsistenz hat. Mir schmecken die Samen besonders gut mit Kohlrabi und Cranberry-Soße (Seite 116), mit einer Brokkoli-Mandel-Soße (Seite 112) und zu Salaten (Amaranth-Salat mit Spargel, Seite 113).

Amaranth mit Kohlrabi und Cranberry-Soße

Für 2 Portionen

120 g **Amaranth**
500 g Kohlrabi
Salz
1 Schalotte
1 EL Sonnen-
blumenöl
100 g getrockne-
te, ungezuckerte
Cranberries
1/4 l (Soja- oder
Hafer-)Sahne
Pfeffer aus der
Mühle
1/2 Bund Peter-
silie

■ Den Amaranth in einem Sieb unter fließendem Wasser wa-schen. In 360 ml Wasser aufkochen und etwa 30 Minuten bei wenig Hitze zugedeckt garen, dann abgießen.

■ Den Kohlrabi schälen, klein würfeln und etwa 10 Minuten im Dämpfeinsatz garen, etwas salzen.

■ Für die Soße die Schalotte schälen und fein würfeln. Das Son-nenblumenöl in einem Topf erhitzen, Schalotte und Cranberries dazugeben und kurz anrösten. Mit der Sahne ablöschen, einmal aufkochen lassen und die Soße pürieren. Mit Salz und Pfeffer ab-schmecken. Die Petersilie waschen, trocken tupfen, fein hacken und unter den gegarten Amaranth mischen.

■ Amaranth und Kohlrabi mit der Cranberrysoße auf 2 Tellern anrichten.

Tipp

Sind die Blätter des Kohlrabis noch frisch, kann man sie waschen, klein hacken und zusätzlich als Würze verwen-den.

Fruchtig-scharfer Nudelsalat

Für 2 Portionen

250 g Nudeln
aus Dinkelvoll-
kornmehl
1/2 rote Zwiebel
2 Frühlings-
zwiebeln
1 **Avocado**
2 EL **Zitronen-
saft**
200 g Kirsch-
tomaten
1 Mango
2 EL **Leinöl**
Salz
2–3 Stängel
Koriander
Chilifäden

■ Die Nudeln nach Packungsanweisung garen, abschütten und mit kaltem Wasser abschrecken.

■ Die Zwiebel schälen und fein würfeln. Die Frühlingszwiebeln putzen, waschen und in feine Ringe schneiden. Beides in eine Salatschüssel geben. Die Avocado schälen, längs halbieren, den Kern mithilfe eines Esslöffels herauslösen und das Fruchtfleisch klein würfeln. In die Schüssel dazugeben und mit Zitronensaft beträufeln.

■ Die Kirschtomaten waschen, vom Strunk befreien und halbieren. Die Mango schälen, das Fruchtfleisch vom Kern schneiden und klein würfeln. Beides in die Salatschüssel geben. Leinöl und Salz hinzufügen und den Salat gut durchmischen. Den Koriander waschen und trocken tupfen, die Blättchen abzupfen und fein hacken.

■ Den Nudelsalat auf 2 Teller verteilen, mit Koriander und Chili-fäden garnieren.

Ofengemüse mit
Zitronen- und Basilikumdip

Für 2 Portionen

1 Rote Bete
2 Möhren
2 Pastinaken
4 EL Olivenöl
Salz
Pfeffer aus der
Mühle
1 EL Thymian
1 EL Oregano
1 unbehandelte
Zitrone
2 TL **Leinöl**
250 g Ricotta-
Käse
1/2 Bund Basili-
kum

■ Den Backofen auf 200 °C vorheizen (Ober- und Unterhitze). Die Rote Bete schälen und in Streifen schneiden; dabei am besten Einmalhandschuhe benutzen, um ein Abfärben zu vermeiden.

■ Möhren und Pastinaken waschen, putzen und ebenfalls in Streifen schneiden. Auf ein mit Backpapier ausgelegtes Blech legen und mit Olivenöl bestreichen. Mit Salz, Pfeffer, Thymian und Oregano würzen und etwa 30 Minuten backen.

■ Für den **Zitronendip** die Zitrone unter heißem Wasser abwaschen und trocknen. Die Schale abreiben und die Zitrone auspressen. Abrieb und Zitronensaft mit 1 TL Leinöl und 125 g Ricotta vermengen. Mit Salz und Pfeffer würzen und pürieren.

■ Für den **Basilikumdip** den Basilikum waschen, trocken schütteln und grob hacken. Mit 125 g Ricotta, 1 TL Leinöl, Salz und Pfeffer pürieren.

Info
Mit Bärlauch anstelle von Basilikum wird es ein **Bärlauch-Dip**: Dieser passt auch gut zum Spargelsalat mit Brokkoli (Seite 109) oder zu den Quinoa-Burgern (Seite 82). Das Ofengemüse kann mit jedem Wurzelgemüse zubereitet werden. So lässt sich der Clean-Eating-Grundsatz „so saisonal und regional wie möglich" perfekt umsetzen: Verwenden Sie je nach Jahreszeit auch Steckrüben, Kartoffeln, Süßkartoffeln oder Topinambur.

Tomatensalat mit weißen Bohnen

Für 2 Portionen

100 g getrock-
nete weiße
Bohnen
250 g Kirsch-
tomaten
1 rote Zwiebel
Saft von 1/2
Zitrone
2 EL **Leinöl**
Salz
Pfeffer aus der
Mühle
einige Stängel
Basilikum

■ Die Bohnen über Nacht in reichlich Wasser einweichen. Danach in ein Sieb abgießen, abspülen und mit frischem Wasser
in einem Topf aufsetzen. Aufkochen lassen und zugedeckt bei
wenig Hitze köcheln lassen. Nach etwa 60 Minuten Garzeit probieren, ob die Bohnen gar sind. Dann abgießen und abkühlen
lassen.

■ Die Tomaten waschen, trocken tupfen, vom Strunk befreien
und halbieren oder vierteln. Die Zwiebel schälen und fein würfeln.

■ Für das Dressing den Zitronensaft mit dem Leinöl verrühren
und mit Salz und Pfeffer würzen. Bohnen, Tomaten und Zwiebeln vermengen und das Dressing unterheben. Die Basilikumblättchen waschen, trocken tupfen, klein schneiden und unter
den Salat mischen.

Tipp

Um Zeit zu spa-
ren, können Sie
auch 250 g vor-
gekochte weiße
Bohnen aus dem
Glas verwenden.
Dazu passen
die Canapés
mit Hanfsamen
(Seite 74).

Belugalinsen-Salat

Für 2 Portionen

240 ml Gemüse-
brühe
80 g getrocknete
Belugalinsen
1 rote Zwiebel
2 Tomaten
1 **Avocado**
Saft von 1/2
Zitrone
2 EL **Leinöl**
1–2 Stängel
Minze
einige Stängel
Petersilie
50 g getrockne-
te, ungeschwe-
felte Aprikosen
ohne Stein

■ Die Gemüsebrühe in einem Topf aufkochen. Die Belugalinsen in einem Sieb kalt abspülen. Etwa 30 Minuten zugedeckt in der Gemüsebrühe garen, danach abgießen.

■ Die Zwiebel schälen und fein würfeln. Die Tomaten waschen und klein schneiden, dabei von den Stielansätzen befreien. Beides in eine Salatschüssel geben.

■ Die Avocado schälen und längs halbieren. Den Stein mithilfe eines Löffels entfernen und das Fruchtfleisch klein würfeln. In die Schüssel dazugeben und mit dem Zitronensaft beträufeln. Das Leinöl dazugießen.

■ Die Minze und die Petersilie waschen und trocken tupfen, die Blättchen fein hacken. Die Aprikosen klein würfeln, mit den Kräutern und den Linsen dazugeben und den Salat gut durch-mischen. Mit Salz und Pfeffer abschmecken.

Salz
Pfeffer aus der
Mühle

Tipp

Belugalinsen
oder auch Berg-
linsen werden
im Gegensatz zu
roten oder gel-
ben Linsen nicht
geschält und
enthalten somit
alle wichtigen
Nährstoffe.

Vegane Paella

Für 2 Portionen

400 ml Gemüse-
brühe
1/2 TL Safran-
fäden
100 g Vollkorn-
reis
100 g grüne
Bohnen
1 rote Paprika
1 Tomate
1 kleine Zwiebel
1 Knoblauchzehe
50 g schwarze,
entsteinte Oliven
2 EL Olivenöl
Salz
Pfeffer aus der
Mühle
1 TL edelsüßes
Paprikapulver
Saft von
1 **Zitrone**

■ Die Gemüsebrühe mit dem Safran in einem Topf zum Kochen bringen und den Reis darin nach Packungsanleitung garen, dann abschütten.

■ Die Bohnen waschen, putzen, eventuell entfädeln und in 2 bis 3 cm große Stücke schneiden. In einem Topf mit Wasser bedecken und in 10 bis 15 Minuten bissfest kochen, dann abgießen.

■ Die Paprika waschen, halbieren, von Stielansatz, Kernen und Zwischenwänden befreien und in Stücke schneiden.

■ Die Tomate waschen, den Strunk entfernen und das Fruchtfleisch klein würfeln. Die Zwiebel und den Knoblauch schälen. Die Zwiebel fein würfeln, den Knoblauch durch eine Knoblauchpresse drücken. Die Oliven in Scheiben schneiden.

■ Das Olivenöl in einer (Paella-)Pfanne erhitzen. Die Paprika einige Minuten unter gelegentlichem Rühren anbraten. Zwiebeln und Knoblauch dazugeben und kurz anschwitzen. Dann Tomaten, Bohnen und Safranreis untermischen und einige Minuten erhitzen.

■ Die Paella mit Salz, Pfeffer, Paprikapulver und Zitronensaft abschmecken.

Info
Der feine, aber teure Safran kann durch 1 EL Kurkumapulver oder 1 EL Färberdistel-Blütenblätter ausgetauscht werden. Auch damit schmeckt das Gericht nach Paella, und der Reis nimmt die typisch gelbe Farbe an. Mit Limetten- statt Zitronensaft bekommt die Paella ein etwas herberes, intensiveres und gleichzeitig exotisches Aroma.

Im Porträt: **Zitrone**

Sauer macht lustig – und gesund! Die Zitrone (*Citrus limon*) ist für ihren hohen Vitamin-C-Gehalt bekannt: Bereits 200 g Fruchtfleisch enthalten etwa 100 mg Vitamin C, was dem Tagesbedarf eines Erwachsenen entspricht. Vitamin C kann als Antioxidans freie Radikale abwehren und so vor Herz-Kreislauf-Erkrankungen und Krebs schützen. Es stärkt das Immunsystem und kräftigt Bindegewebe, Knochen und Zähne. Das Vitamin hilft dem Körper auch dabei, Kalzium und Eisen aus anderen Lebensmitteln aufzunehmen – was insbesondere für Vegetarier und Veganer wichtig ist. Sekundäre Pflanzenstoffe wie die enthaltenen Flavonoide schützen unsere Zellen, verlangsamen Alterungsprozesse und senken das Krebsrisiko.

Eine Tasse „Heiße Zitrone" ist ein beliebtes Getränk in Herbst und Winter und zugleich ein bewährtes Hausmittel zur Vorbeugung und Behandlung von Erkältungen und grippalen Infekten. Zu heiß sollte das Wasser jedoch nicht sein – denn ab einer Temperatur von 70 °C zerfällt Vitamin C. Aber nicht nur in der kalten Jahreszeit kommt die Frucht zum Einsatz: Ihre Säure hat auch eine belebende Wirkung und wird deshalb in der Volksheilkunde gegen Frühjahrsmüdigkeit eingesetzt. Gerade im Sommer ist die Erfrischung spürbar. Ein Glas kaltes Wasser mit frisch gepresster Zitrone am Morgen wirkt appetitanregend, stärkt die Abwehrkräfte und regt Verdauung, Kreislauf und Fettverbrennung an. Wer diese Eigenschaften weiter steigern möchte, gibt noch etwas Chili, Cayennepfeffer oder Ingwer dazu. Neben den wertvollen Antioxidantien enthält die Zitrusfrucht Kalium, das für die Funktion von Muskeln, Nerven und den Wasserhaushalt benötigt wird. Dazu kommen Kalzium, Magnesium, Phosphor und Eisen. In der Zitronenschale finden sich viele Antioxidantien, vor allem Carotinoide und Flavonoide. Zudem besitzt sie ätherische Öle, die für den starken Frischeduft sorgen.

Verwendung

Ihr Fruchtfleisch schmeckt sauer, saftig und frisch und wird von Kernen durchzogen. Wenn die Zitrone vor dem Auspressen einige Male hin- und hergerollt wird, erhält man mehr Zitronensaft. Dieser eignet sich besonders gut für Salatdressings, zum Beispiel als Vinaigrette in Kombination mit Leinöl (Seite 120). Auch Meeresfrüchten verleiht Zitronensaft eine angenehme Frische. Wer es lieber vegetarisch oder vegan mag, der bereitet meine Paella zu (Seite 122). Zitronenabrieb verleiht Desserts und Backwaren eine aromatische Zitrusnote (Nusskekse mit Chia und Cranberries, Seite 162). Die Schale wird auch zu Zitronenöl verarbeitet oder in getrockneter Form Kräuter- und Früchtetees hinzugefügt. Greifen Sie immer zu Bio-Zitronen, da die Schalen aus konventionellem Anbau häufig mit Pestiziden belastet sind.

Spaghetti mit Grünkohl-Pesto

Für 2 Portionen

250 g Spaghetti
aus Dinkelvoll-
kornmehl
200 g **Grünkohl**
2 Knoblauch-
zehen
80 g **Walnuss-
kerne**
5 EL Olivenöl
60 g Parmesan
Salz
Pfeffer aus der
Mühle
Kirschtomaten
zum Garnieren

◾ Die Spaghetti nach Packungsanleitung bissfest garen, dann abschütten und kurz mit kaltem Wasser abschrecken. Die Grünkohlblätter von Stielen und harten Blattrippen befreien, waschen, abtropfen lassen und grob hacken. In kochendem Wasser etwa 2 Minuten blanchieren. In ein Sieb abgießen und gut abtropfen lassen.

◾ Die Knoblauchzehen schälen und durchpressen. Die Walnusskerne grob hacken, ohne Fett unter Rühren kurz in einer Pfanne anrösten.

◾ Für das Pesto den Grünkohl mit Knoblauch, Walnusskernen, Olivenöl, Parmesan, Salz und Pfeffer pürieren oder mixen.

◾ Die Spaghetti bei Bedarf nochmals kurz erwärmen und im Topf mit dem Grünkohl-Pesto vermengen. Auf 2 Tellern anrichten und mit den gewaschenen Kirschtomaten garnieren.

Tipp

Für eine vegane Variante den Parmesan einfach weglassen. Nach der Grünkohl-Saison kann das Pesto auch gut mit Spinat, Bärlauch oder Basilikum zubereitet werden.

Schneller Grünkohl-Salat

Für 2 Portionen

200 g **Grünkohl**
1 **Avocado**
100 g Feta-Käse
150 g Kirsch-
tomaten
20 g **Walnuss-
kerne**

Für das Dressing
3 EL Erdnuss-
oder **Leinöl**
1 EL Senf
1 TL Honig
Salz
Pfeffer aus der
Mühle

■ Die Grünkohlblätter von Stielen und harten Blattrippen befreien, waschen, abtropfen lassen und in mundgerechte Stücke schneiden oder zupfen.

■ Für das Dressing die angegebenen Zutaten mit einem kleinen Schneebesen verrühren. Mit sauberen Händen das Dressing etwa 2 bis 3 Minuten in den Grünkohl „einmassieren", bis er eine geschmeidige Konsistenz annimmt. Den Grünkohl auf 2 Teller verteilen.

■ Die Avocado schälen, längs halbieren und den Kern mithilfe eines Esslöffels herauslösen. Das Fruchtfleisch der Avocado und den Feta in Würfel schneiden. Die Kirschtomaten waschen, vom Strunk befreien und halbieren.

■ Avocado, Kirschtomaten, Feta und die halbierten Walnusskerne auf dem Grünkohl anrichten.

Deftig zubereitet mit Grützwurst („Pinkel"), Speck und Kasseler genießt die deutsche Hausmannskost Grünkohl hierzulande Kultstatus und ist besonders in Norddeutschland ein Gesellschaftsereignis mit langer Tradition. Je nach Region wird Grünkohl (*Brassica oleracea var. sabellica*) auch Braunkohl, Federkohl, Krauskohl oder Winterkohl genannt. Aber nicht nur im hohen Norden ist er beliebt, auch in New York und Kalifornien macht er zurzeit als „Kale" Karriere. Allerdings nicht als herzhafte Kost: In den USA ist Grünkohl vielmehr roh als Salat, im grünen Smoothie oder als gesunde Knabber-Alternative („Kale Chips") zum Trend-Gemüse geworden (Rezepte siehe „Verwendung"). Geerntet wird er bei uns nach dem ersten Frost: Die niedrigen Temperaturen sorgen dafür, dass die Stärke in Zucker umgewandelt wird – wobei der Kohl seinen typisch würzigen, süßlichen Geschmack erhält.

Grünkohl ist ein wahres Superfood: Die Vielfalt und Dichte seiner gesundheitsfördernden Nährstoffe sucht ihresgleichen. Der krause Kohl besitzt so viel Vitamin K wie kein anderes Gemüse: Schon eine Handvoll liefert das Zehnfache des Mindesttagesbedarfs an Vitamin K, das für einen gesunden Knochenaufbau sorgt. Dazu kommt weit mehr als der empfohlene Tagesbedarf an Vitamin A (Betacarotin) und doppelt so viel Vitamin C wie Zitronen. Enthalten sind auch Omega-3-Fettsäuren, mehr Kalzium als in Kuhmilch und ein sehr hoher Protein- und Eisengehalt – der selbst dem dafür bekannten Rindfleisch Konkurrenz macht!

Im Porträt: **Grünkohl**

Bemerkenswert hoch konzentriert sind im Grünkohl auch die sekundären Pflanzenstoffe und Antioxidantien, darunter zahlreiche Flavonoide sowie Carotinoide. Laut neueren Studien sollen uns insbesondere Lutein und Betacarotin vor oxidativem Stress, zahlreichen Krankheiten und auch vor Krebs schützen. Das reichlich enthaltene Lutein sowie Zeaxanthin wirken sich zudem positiv auf die Augen und unser Sehvermögen aus – zusammen mit dem hohen Gehalt an Betacarotin ist Grünkohl daher eine unschlagbare Nahrung für unsere Augen. Auch Folsäure, Magnesium, Kalium und viel Chlorophyll hat er zu bieten; dazu Ballaststoffe, die Cholesterinspiegel und Blutfettwerte senken sollen – was sich positiv auf das gesamte Herz-Kreislauf-System auswirkt. Wie Brokkoli und andere Kohlarten besitzt Grünkohl zudem einen Stoff namens DIM (Diindolylmethan), der möglicherweise die Tumorbildung hemmt und das Absterben von Krebszellen bei Brust-, Prostata- und Lungenkrebs fördert. Auch gegen hormonbedingte Störungen wie Wechseljahresbeschwerden oder das Prämenstruelle Syndrom (PMS) soll der Stoff wirksam sein. Mit seinem ganzen Reichtum an Nährstoffen vermag der Grünkohl Entzündungsprozesse im Körper unter Kontrolle zu halten, das ganze Immunsystem zu stärken und auch schweren Erkrankungen vorzubeugen bzw. entgegenzuwirken.

Verwendung

Das Blattgemüse hat in Deutschland zwischen Oktober und März Saison. Für einen rohen Grünkohl-Salat (Seite 127) wird das Dressing einige Minuten in den Kohl einmassiert, wodurch er weicher und bekömmlicher wird. Roh kommt Grünkohl auch in grünen Smoothies (Seite 37) oder als Pesto (Seite 126) zum Einsatz. Zudem kann Grünkohl natürlich auch gedünstet, gekocht oder gebacken genossen werden. Für **Grünkohl-Chips** den Grünkohl waschen und trocken schleudern. In mundgerechte Stücke zupfen und dabei die harten Strünke entfernen. Olivenöl und Salz einmassieren und auf einem mit Backpapier ausgelegten Blech im vorgeheizten Backofen bei 130°C (Umluft) backen. Die Chips nach 10 Minuten wenden und weitere 10 Minuten backen.

Möhren-Ingwer-Suppe

Für 2 Portionen

1 Zwiebel
ca. 2 cm frischer
Ingwer
700 g Möhren
2 EL Olivenöl
400 ml Gemüse-
brühe
1/2 l (Soja-)Milch
Salz
Pfeffer aus der

Mühle
4 EL Kürbiskerne
1 EL **Chia-Samen**
1 Beet **Kresse**

■ Die Zwiebel schälen und klein würfeln, den Ingwer ebenfalls schälen und fein reiben oder hacken. Die Möhren putzen, waschen und in Scheiben schneiden.

■ Das Öl in einem Topf erhitzen. Zwiebel, Ingwer und Möhren ca. 3 Minuten anbraten, dabei gelegentlich umrühren. Mit Gemüsebrühe und Milch ablöschen, salzen und pfeffern. Bei mittlerer Hitze ca. 20 Minuten zugedeckt köcheln lassen.

■ Die Kürbiskerne ohne Fettzugabe unter Rühren kurz in einer Pfanne anrösten. Die Suppe pürieren und abschmecken. Die Chia-Samen unterrühren und etwa 10 Minuten quellen lassen, die Suppe dabei warm halten. Auf Tellern anrichten, mit Kresse und Kürbiskernen garnieren.

Super Bowl

Für 2 Portionen

80 g getrocknete
Kichererbsen
300 g Süßkar-
toffeln
300 g **Blatt-
spinat**
ca. 2 cm frischer
Ingwer
1 EL Olivenöl
1/2 TL Kurkuma-
pulver
2 Stängel
Koriander
Salz
Pfeffer aus der
Mühle
2 EL **Leinöl**
2 EL ungesüßte
Erdnussbutter
(siehe Seite 149)

■ Die Kichererbsen über Nacht in reichlich Wasser einweichen. In ein Sieb abgießen, abspülen und mit frischem Wasser in einem Topf aufsetzen. Aufkochen lassen und zugedeckt bei wenig Hitze köcheln lassen. Nach 45 bis 60 Minuten Garzeit probieren, ob die Kichererbsen gar sind. Dann abgießen und zugedeckt warm halten.

■ Die Süßkartoffeln schälen, waschen und in Würfel schneiden. In einem Topf 7 bis 12 Minuten bissfest kochen und abgießen.

■ Den Spinat putzen, waschen und trocken schleudern. In einem Dämpfeinsatz oder in kochendem Wasser etwa 5 Minuten garen, bis der Spinat zusammengefallen ist und warm halten. Den Ingwer schälen und fein reiben oder hacken.

■ Das Olivenöl in einem Topf oder einer Pfanne erhitzen. Süßkartoffeln und Ingwer kurz anbraten, mit Kurkuma würzen.

■ Den Koriander waschen und trocken tupfen, Blättchen abzupfen und klein schneiden. Die Kichererbsen, den Spinat und die Süßkartoffeln auf 2 Schüsseln verteilen, salzen und pfeffern. Das Leinöl darüberträufeln. Mit Koriandergrün und Erdnussbutter garnieren.

Tipp

Eine „Bowl" passt perfekt ins Clean-Eating-Konzept, denn hier kommen Proteine und komplexe Kohlenhydrate zusammen in eine Schüssel – diese Nährstoffe sollten bei jeder cleanen Mahlzeit gemeinsam eingenommen werden (siehe auch Seite 24).

Kokos-Curry mit Kichererbsen

Für 2 Portionen

40 g getrocknete Kichererbsen
1 Süßkartoffel
1/2 Hokkaidokürbis (ca. 250 g)
ca. 2 cm frischer Ingwer
2 EL Kokosöl
400 ml Kokosmilch
1 TL Currypulver
Salz
Pfeffer aus der Mühle
Chilifäden

■ Die Kichererbsen über Nacht in reichlich Wasser einweichen. In ein Sieb abgießen, abspülen und mit frischem Wasser in einem Topf aufsetzen. Aufkochen lassen und etwa 40 Minuten zugedeckt garen, dann abgießen.

■ Die Süßkartoffel schälen, waschen und in Würfel schneiden. Den Kürbis waschen, aufschneiden und die Kerne mithilfe eines Esslöffels herausschaben. Kürbis mit Schale in Würfel schneiden. Den Ingwer schälen und fein reiben oder hacken.

■ Das Öl in einer Pfanne erhitzen. Ingwer, Kichererbsen, Süßkartoffel und Kürbis unter gelegentlichem Rühren kurz anbraten. Das Gemüse mit der Kokosmilch ablöschen und zugedeckt etwa 15 Minuten köcheln lassen. Mit Curry, Salz und Pfeffer würzen. Das Curry auf 2 Tellern anrichten und mit Chilifäden garnieren.

Im Porträt: **Ingwer**

Ingwer [*Zingiber officinale*] ist eine uralte Gewürz- und Heilpflanze. Schon seit Jahrtausenden wird die Wurzelknolle in der Traditionellen Chinesischen Medizin und im Ayurveda zur Behandlung von ganz verschiedenen Erkrankungen eingesetzt – und erobert auch hierzulande die Hausapotheken und Kochtöpfe. Das pikante Gewürz besitzt zahlreiche gesunde Inhaltsstoffe, darunter reichlich Vitamin C, Eisen, Magnesium, Kalium, Kalzium, Natrium und Phosphor, viele ätherische Öle, Antioxidantien und Gingerole. Letztere sind Scharfstoffe, die dem Hauptwirkstoff von „Aspirin" sehr ähnlich sind – Ingwer wirkt vergleichbar schmerzstillend und entzündungshemmend. So kann er bei Muskelschmerzen, Migräne, arthritischen und rheumatischen Beschwerden helfen. Auch gegen Viren und Bakterien ist er wirksam. Zudem kommt die scharfe Wurzel bei Bauchkrämpfen, Übelkeit, Brechreiz, Blähungen und Menstruationsbeschwerden zum Einsatz. Studien fanden heraus, dass auch Krebspatienten mit Ingwer während einer Chemotherapie weniger übel wird.

Spürbar ist seine wärmende und belebende Wirkung: Der Stoffwechsel und das Immunsystem werden angeregt, weshalb Ingwer uns schon morgens zum Frühstück auf Trab bringt: Wer mag, würzt damit Müsli, Smoothie, Proats [Seite 46] oder Shakes [Seite 46]. Mit Ingwer kann zudem der Cholesterinspiegel gesenkt und die Fettverdauung erleichtert werden. Das heilsame Gewürz wird traditionell auch bei Erkältungen, Husten, grippalen Infekten und Halsschmerzen eingesetzt. Oder bei Reiseübelkeit: Wem im Flugzeug oder auf See schlecht wird, dem kann eine Tasse Ingwertee [siehe unten] oder das Kauen auf einem frisch geschälten Stück Ingwer helfen.

Verwendung

In den Tropen werden junge Ingwersprossen als Gemüse gegessen, was für unsere europäischen Gaumen sicher gewöhnungsbedürftig wäre. Als Gewürz schmeckt er dagegen sehr aromatisch bis scharf und entfaltet auch schon in geringen Mengen seine Heilwirkungen. Erhältlich ist die Wurzel bei uns entweder frisch oder getrocknet und gemahlen. Ins Clean-Eating-Konzept passt frischer Ingwer am besten. Für einen Ingwertee ein Stück frische Ingwerwurzel [nach Geschmack ca. 0,5 bis 1 cm groß] in dünne Scheiben schneiden oder klein reiben und in ein Glas geben. Mit heißem Wasser aufgießen und 10 Minuten ziehen lassen. Um den pikanten Geschmack zu neutralisieren, etwas Kokosblütensirup oder Honig unterrühren – so trinken insbesondere Kinder den Tee lieber. Ich mag seinen würzigen Geschmack und verwende Ingwer für alle möglichen Speisen, von herzhaft bis süß. Dazu gehören asiatische Gerichte wie Currys [siehe links und Seite 98], meine Super Bowl [Seite 130], Suppen [Möhren-Ingwer-Suppe, Seite 130] und süße Marmeladen oder Chutneys [Pflaumen-Chutney, Seite 71]. Als Speisewürze wird die frische Wurzelknolle einfach geschält und klein gehackt oder gerieben.

Kartoffelauflauf mit
Walnuss-Kastanien-Kruste

Für 2 Portionen

500 g Kartoffeln
200 g Kastanien
(mit Schale
gewogen)
30 g **Walnuss-
kerne**
1 große Zwiebel
2 EL Olivenöl
1 EL Kokosblüten-
sirup

Für die Soße
30 g **Walnuss-
kerne**
1 EL **Walnussöl**
2 gehäufte EL
mittelscharfer
Senf

■ Die Kartoffeln waschen und 15 bis 20 Minuten in Wasser garen. Abgießen, schälen und in Scheiben schneiden. Die Kastanien ca. 6 Minuten in Wasser kochen und abschütten. Mithilfe eines scharfen Messers die äußere Schale und die darunterliegende Haut der noch heißen Kastanien entfernen (dabei die Hände mit einem Geschirrtuch oder Kochhandschuh vor der Hitze schützen). Die Kastanien in kleine Stücke schneiden.

■ Die Walnusskerne grob hacken. Mit den Kastanien mischen und beiseitestellen. Die Zwiebel schälen und fein würfeln. 1 EL Olivenöl in einer Pfanne erhitzen, die Zwiebel anbraten und mit dem Kokosblütensirup unter Rühren karamellisieren lassen.

■ Den Backofen auf 200 °C vorheizen (Ober- und Unterhitze). Für die Soße die Walnüsse knacken und fein hacken. Mit Walnussöl, Senf, Kokosblütensirup, Joghurt, Salz und Pfeffer vermengen. Die Kartoffelscheiben in eine mit 1 EL Olivenöl gefettete Auflaufform geben und mit der Soße vermengen. Die karamellisierten Zwiebeln darübergeben und mit Pfeffer würzen. Die Kastanien-Walnuss-Mischung darauf verteilen und den Auflauf 20 Minuten auf der mittleren Schiene backen.

1 TL Kokosblüten-
sirup
4 EL (Soja-)
Joghurt
Salz
Pfeffer aus der
Mühle

Tipp

Als Beilage passt ein Salat, ich esse am liebsten Postelein dazu.

Gefüllte Spitzpaprika mit
Grünkern und Walnüssen

Für 2 Portionen

100 g Grünkern
4 rote Spitz-
paprika
8 EL **Walnuss-
kerne**
150 g Feta-Käse
1/2 Bund
Petersilie
Salz
Pfeffer aus der
Mühle

■ Den Grünkern waschen. 200 ml Wasser zum Kochen bringen und den Grünkern ca. 30 Minuten darin köcheln lassen. Zwischendurch umrühren und anschließend abgießen.

■ Die Paprikaschoten waschen und den Deckel abschneiden. Kerne und Zwischenwände unter fließendem Wasser mithilfe eines Messers entfernen.

■ Den Backofen auf 180°C Umluft (200°C Ober- und Unterhitze) vorheizen. Die Walnusskerne grob hacken und den Feta klein würfeln. Die Petersilie waschen, trocken tupfen und fein hacken.

■ Grünkern, Feta, Walnüsse und Petersilie in einer Schüssel vermengen, mit Salz und Pfeffer würzen und mithilfe eines Teelöffels in die Paprikaschoten füllen.

■ In eine Auflaufform geben und etwa 15 Minuten auf der mittleren Schiene backen.

Tipp

Dazu passt
ein Blattsalat.
Anstelle von
4 Spitzpaprika
können Sie
auch 2 normale
Paprikaschoten
verwenden;
statt Petersilie
schmeckt auch
frischer Basilikum.

Im Porträt: **Walnuss**

Walnusskerne ähneln nicht nur in ihrer Form dem menschlichen Gehirn, sie sind ein richtiges „Brainfood". Wie unser Hirn durch Schädelknochen geschützt ist, wird auch der Walnusskern durch seine harte, hellbraune Schale bewahrt, beispielsweise beim Aufprall auf den Boden. Walnussbäume (*Juglans regia*) tragen zwar erstmals nach 10 bis 20 Jahren Früchte – werfen dann aber jährlich bis zu 150 kg Nüsse ab. Obwohl die Saison kurz ist, sind Walnüsse in ihrer Schale etwa ein Jahr haltbar und somit ganzjährig verfügbar. Zum Glück, denn Walnüsse gelten nicht umsonst als Nervennahrung: Sie stärken unsere Konzentration und Leistungsfähigkeit. Walnüsse besitzen fast doppelt so viele Antioxidantien wie andere Nüsse und sind somit nicht nur Brain-, sondern auch Superfood.

Bei regelmäßigem Verzehr steigern die enthaltenen Flavonoide und andere Antioxidantien die Denkleistung und das Gedächtnis und sollen auch zum Hinauszögern und Abmildern von Alzheimer führen. Die Kerne enthalten etwa 15 % Eiweiß und 60 % Fett. Unter den einfach und mehrfach ungesättigten Fettsäuren ist die Alpha-Linolensäure, eine essenzielle Omega-3-Fettsäure, die unser Körper nicht selbst herstellen kann. Sie ist bedeutsam für die Entwicklung von Gehirn- und Nervenzellen und beugt unter anderem Herz-Kreislauf-Erkrankungen vor (siehe auch Leinöl, Seite 93). Die Werte der Blutfette, des Cholesterins und des gesundheitsschädlichen LDL-Cholesterins können durch den regelmäßigen Verzehr gesenkt werden. Zudem sind Walnüsse reich an Zink, Lecithin, Magnesium, Eisen, Phosphor, Kalzium und Kalium und enthalten die Vitamine A, C, E und B-Vitamine. Laut einer Studie der Pennsylvania State University schützen 9 Walnüsse plus 1 Teelöffel Walnussöl täglich vor einem erhöhten Blutdruck in Stresssituationen. Die Kombination mit Leinöl zeigte einen verbesserten Zustand der Arterien. Wer täglich eine kleinere Portion Walnüsse isst, hat auch bessere Blutzuckerwerte und wappnet sich so gegen Diabetes (Typ 2).

Verwendung

Ob gehackt als Topping auf Aufläufen (Kartoffelauflauf mit Walnuss-Kastanien-Kruste, Seite 134) oder Salaten (Waldorfsalat, Seite 138), als Vinaigrette mit Walnussöl oder zum Backen – die Kerne sind eine vielseitige Zutat und ein gesunder Clean-Eating-Snack für zwischendurch. Durch ihren milden, nussigen Geschmack passen sie zu herzhaftem und süßem Gebäck (Kamut-Walnuss-Brötchen, Seite 56, und Brötchen mit Nüssen und Beeren, Seite 30), aber auch zu Brownies und anderen Backwaren (Walnuss-Brownies, Seite 152). In geschälter und zerkleinerter Form sollte man sie rasch verbrauchen, sonst werden sie bald ranzig. Am besten also frisch aufknacken – und öfter mal eine Handvoll genießen. Auch die ganz harten Nüsse lassen sich nach einer Stunde im Tiefkühlfach leicht öffnen.

Waldorfsalat

Für 2 Portionen

250 g Knollen-
sellerie
Saft von 1/2
Zitrone
1 Apfel
150 g (Soja-)
Joghurt
Salz
Pfeffer aus der
Mühle
4 EL **Walnuss-
kerne**

■ Den Sellerie putzen und schälen. Mit einer Küchenreibe grob raspeln oder mit einem Julienneschäler in feine Streifen schneiden und diese auf eine mundgerechte Länge kürzen. Gleich in einer Salatschüssel mit dem Zitronensaft vermischen, damit er nicht braun wird.

■ Den Apfel waschen, vierteln, von Stiel und Kerngehäuse befreien und ebenso zerkleinern, dann zügig unter den Sellerie mengen. Joghurt, Salz und Pfeffer dazugeben, gut vermischen und einige Minuten durchziehen lassen.

■ Die Walnusskerne fein hacken und auf dem Salat anrichten.

Tipp

Klassischer Waldorfsalat enthält viel Mayonnaise, die nicht ins Clean-Eating-Konzept passt. Joghurt macht den Salat viel leichter – mit Sojajoghurt wird er vegan. Wer mag, würzt zusätzlich mit Curry oder Chili; auch Weintrauben oder Granatapfel passen gut.

Fruchtiger Rote-Bete-Salat

Für 2 Portionen

1 Rote Bete
(ca. 200 g)
100 g Rucola
1 Apfel
2 EL **Walnuss-
kerne**
2 EL Pekannuss-
kerne
2 EL **Walnussöl**
Salz
Pfeffer aus der
Mühle

■ Die Rote Bete schälen, halbieren und in Scheiben schneiden (ca. 0,5 cm dick); dabei am besten Einmalhandschuhe benutzen, um ein Abfärben zu vermeiden. Die Scheiben in einem Dämpfeinsatz etwa 15 Minuten bissfest garen.

■ Rucola putzen, waschen und trocken schleudern. Den Apfel waschen, vierteln, vom Kerngehäuse befreien und in dünne Scheiben schneiden. Die Nüsse grob hacken.

■ Den Rucola auf 2 Tellern anrichten. Die Rote Bete, den Apfel und die Nüsse darauf verteilen. Das Walnussöl darüberträufeln, mit Salz und Pfeffer würzen.

Tipp

Dazu passen die Quinoa-Kugeln (Seite 75) oder das Spinatsoufflé mit Sesamkruste (Seite 70).

Grünkohl-Reis-Pfanne

Für 2 Portionen

100 g Vollkorn-
reis
300 g **Grünkohl**
1 Zwiebel
2 EL Olivenöl
Salz
Pfeffer aus der
Mühle
2 EL **Hanfsamen**

■ Den Reis nach Packungsanleitung garen, dann abgießen. Die Grünkohlblätter von Stielen und harten Blattrippen befreien und waschen.

■ In einem Topf Wasser zum Kochen bringen und den Grünkohl darin 3 bis 5 Minuten blanchieren. Abgießen, abtropfen lassen und gut ausdrücken. Die Blätter sehr fein hacken.

■ Die Zwiebel schälen und fein würfeln. Das Olivenöl in einer Pfanne erhitzen und die Zwiebel anbraten. Vollkornreis und Grünkohl dazugeben und etwa 5 Minuten unter gelegentlichem Rühren anbraten. Salzen, pfeffern und auf 2 Tellern anrichten (siehe Tipp). Mit den Hanfsamen garnieren.

Tipp

Um dem Reisge-richt eine appetitliche Form zu verleihen, einen Portions-ring verwenden oder eine Tasse mit etwas Öl einfetten, Reis einfüllen und mit einem Esslöffel festdrücken. Auf einen Teller stürzen und – fertig.

Im Porträt: **Hanfsamen**

Noch immer hat die Hanfpflanze (*Cannabis sativa*) einen negativen Ruf – denkt man doch zunächst an die Droge Marihuana. Dabei enthalten die speziellen Sorten von Nutzhanf, die in der Europäischen Union wachsen und legal verkauft werden dürfen, unter 0,2 % Tetrahydrocannabinol (THC), wodurch keine berauschende Wirkung mehr möglich ist. Umso mehr lohnt sich ein Blick auf die anderen Inhaltsstoffe des Superfoods: Hanfsamen, die zu den Nüssen zählen, sind reich an B-Vitaminen (vor allem B1 und B2) und Vitamin E. Sie enthalten über 20 Spurenelemente und viele Mineralstoffe, darunter Eisen, Kalium, Kalzium, Magnesium, Zink und Phosphor. Außerdem stecken jede Menge Antioxidantien in den Samen und alle acht essenziellen Aminosäuren.

Dank ihres hohen Gehalts an lebensnotwendigen Fettsäuren und wertvollen Proteinen sind die Samen ein wichtiger Fett- und Eiweißlieferant für Vegetarier, Veganer und Sportler. Die enthaltenen Omega-3-Fettsäuren (darunter Alpha-Linolensäure) stärken Herz, Gehirn, Nerven und Immunsystem, ähnlich wie die recht seltene, stark entzündungshemmende Gamma-Linolensäure (Omega 6). Sie gleicht zusätzlich den Hormonhaushalt aus, was beispielsweise die Symptome des Prämenstruellen Syndroms (PMS) lindert. Stoffwechsel und Fettstoffwechsel werden angeregt; zudem sorgt die Fettsäure für schöne Haare, Nägel und Haut und kann den Blutdruck senken. Omega-3 und Omega-6 liegen beim Hanf in einem optimalen Verhältnis von 1:3 vor, was die stark entzündungshemmende Wirkung ausmacht und auch maßgeblich für einen gesunden Stoffwechsel sein soll.

Aus Hanfsamen wird auch das wertvolle **Hanföl** gepresst, das neben Alpha-Linolensäure viel zellschützendes Chlorophyll enthält, wodurch das Öl eine grünliche Farbe erhält. Aus den Rückständen, die bei der Verarbeitung der Samen zum Öl entstehen („Hanfsamenkuchen"), wird glutenfreies **Hanfmehl** gewonnen. Die Samen werden außerdem zu **Hanfmilch** verarbeitet, die als vegane Pflanzenmilch genützt wird.

Verwendung

Hanfsamen sind geschält und ungeschält erhältlich. Aufgrund der höheren Nährstoffdichte passen die ungeschälten Samen besser ins Clean-Eating-Konzept. Mit Schale sind sie etwas härter und haben einen nussigen, leicht grasigen Geschmack; geschälte Hanfsamen ähneln Sonnenblumenkernen. Ich verwende die Samen zum Backen (Kürbisbrot, Seite 58, und Canapés mit Hanfsamen, Seite 74), als Salat-Topping und als Zugabe auf Gemüsepfannen (Seite 142), aber auch in Müslis und anderen Frühstücksvariationen oder als Snack. **Hanföl** verfeinert Salate, Pestos oder Gemüse, darf jedoch nicht erhitzt werden. Wie Leinöl (Seite 93) wird es kalt gepresst und oxidiert schnell, muss also kühl und dunkel gelagert werden.

Wirsing-Pfanne
mit Hanfsamen

Für 2 Portionen

400 g Kartoffeln
(vorwiegend
festkochend)
250 g Champi-
gnons
1 Bund Frühlings-
zwiebeln
1/2 Wirsing
2 EL Olivenöl
1 EL Kümmel-
samen oder
Rosmarin
150 g Feta-Käse

■ Die Kartoffeln waschen und etwa 15 bis 20 Minuten in Wasser gar kochen. Etwas abkühlen lassen, schälen und in mundgerechte Würfel schneiden.

■ Die Champignons putzen, Stiele einkürzen und die Pilze in
Scheiben schneiden. Die Frühlingszwiebeln putzen, waschen
und in feine Ringe schneiden. Den Wirsing von den äußeren
Blättern und dem Strunk befreien. In Streifen schneiden, waschen und trocken schleudern.

■ Das Öl in einer großen Pfanne erhitzen. Die Kartoffeln mit
Kümmel oder Rosmarin etwa 3 Minuten anbraten, dabei gelegentlich umrühren. Die Champignons, die Frühlingszwiebeln
und den Wirsing dazugeben und weitere 10 Minuten braten.

■ Den Feta würfeln und in die Wirsing-Pfanne geben. Mit Salz
und Pfeffer abschmecken und auf zwei Tellern anrichten. Mit den
Hanfsamen garnieren.

Salz
Pfeffer aus der
Mühle
2 EL ungeschälte
Hanfsamen

Tipp

Wenn Ihnen die
ungeschälten
Hanfsamen zu
hart sind, ein-
fach geschälte
Hanfsamen ver-
wenden.

Kartoffel-Wedges mit Spargel und Gemüsesoße

Für 2 Portionen

500 g Kartoffeln
500 g grüner
Spargel
2 EL Olivenöl
Salz
Pfeffer aus der
Mühle
2 EL Sprossen
(z. B. Radieschen,
Alfalfa, Mungo-
bohnen)

■ Den Backofen auf 180 °C vorheizen (Ober- und Unterhitze). Die Kartoffeln waschen und längs achteln. Den Spargel waschen und die holzigen Enden abschneiden. Kartoffeln und Spargel auf ein mit Backpapier ausgelegtes Blech legen und mit Olivenöl bestreichen. Mit Salz und Pfeffer würzen und etwa 30 Minuten auf der mittleren Schiene backen, nach 15 Minuten wenden.

■ Für die Gemüsesoße die Schalotte schälen und fein würfeln. Den Knoblauch schälen und durchpressen. Kartoffel und Möhre schälen und in kleine Stücke schneiden.

■ Die Butter in einem Topf erhitzen, Zwiebel und Knoblauch glasig anschwitzen. Kartoffel und Möhre dazugeben, kurz mitbraten. Mit 100 ml Wasser ablöschen und die Cashewkerne hinzufügen. 15 Minuten bei wenig Hitze köcheln lassen, zwischendurch umrühren. Mit Salz und Pfeffer würzen und die Soße im Mixer pürieren.

■ Kartoffeln und Spargel mit der Soße auf 2 Tellern anrichten, mit Sprossen garnieren.

Für die Soße

1 Schalotte
1 Knoblauchzehe
60 g Kartoffel
30 g Möhre
1 EL Butter oder
Margarine
30 g Cashew-
kerne oder 2-3
EL Cashew- oder
Mandelmus
Salz
Pfeffer aus der
Mühle

Sprossen sind Nahrung in ihrer reinen, unveränderten Form und damit Clean Eating pur! Beim Keimen steigt der Vitamingehalt der Samen stark an; das gilt für Vitamin C, E und K, Betacarotin (Provitamin A) und die wichtigen B-Vitamine. Bei einigen Sprossen von Hülsenfrüchten wurde auch Vitamin B12 entdeckt, das sich sonst nur in tierischen Lebensmitteln und Sauerkraut findet. Sprossen liefern zudem Kalzium, Magnesium, Kalium, Phosphor und Zink sowie hochwertiges Eiweiß und reichlich Antioxidantien. Die enthaltenen Kohlenhydrate werden durch den Keimvorgang bekömmlicher. Aktuell fanden Wissenschaftler am Heidelberger Universitätsklinikum in Laborversuchen heraus, dass Brokkolisprossen krebshemmend wirken.

Sie können die kleinen Kraftpakete ganz einfach selbst zu Hause ziehen. So hat man das ganze Jahr über knackig-frische Zutaten erntefrisch auf dem Teller – ohne großen Aufwand und kostengünstig dazu. Auch für Kinder ist es spannend, den Wachstumsprozess in der heimischen Küche mitzuerleben. Sprossen können aus nahezu jeder Saat gezogen werden: aus Getreide (z. B. Weizen, Hafer, Dinkel, Kamut), Pseudogetreide (Amaranth, Quinoa), Hülsenfrüchten (Alfalfa, Erbsen, Mungobohnen, kleine Gartenbohnen), Knollengemüse (Rettich, Rote Bete), Kohlgewächsen (Brokkoli) oder aus Gewürzen (Fenchel, Anis, Kümmel). Die Keimdauer variiert je nach Sorte zwischen 2 und 8 Tagen. Alle Sprossen können roh verzehrt werden – außer Erbsen, Kicher-

Im Porträt: **Sprossen**

erbsen und Adzukibohnen, die man aufgrund des enthaltenen Phaseins einige Minuten erhitzen sollte.

Was Sie zum Keimen brauchen? Unbehandeltes, möglichst regional gezogenes Bio-Saatgut und ein „Beet". Dazu eignet sich ein Sprossenturm oder ein Keimglas mit eingebautem Sieb – oder einfach ein Einmachglas mit einem Stück Gaze, Mull, Gardinenstoff oder Fliegengitter, das als Siebersatz mit einem Gummi an der Glasöffnung befestigt wird. Auch schon ein flaches Schälchen, ausgelegt mit einem Papiertuch, reicht aus. In jedem Fall ist beim Keimen Hygiene besonders wichtig. Das beginnt damit, dass alle verwendeten Materialien gründlich gesäubert werden und die Samen sorgsam unter fließendem Wasser gewaschen werden. Nachdem man sie einige Stunden eingeweicht hat, sollten sie beim Keimen täglich zwei Mal mit frischem Wasser gespült werden. Die Keimlinge mögen es feucht, aber nicht nass (optimale Temperatur: 18–20 °C). Fertige Sprossen sollten Sie vor dem Verzehr nochmals gründlich waschen und innerhalb von 2 bis 3 Tagen verbrauchen. Bei Staunässe oder zu wenig Wasser, zu kalten oder zu warmen Temperaturen oder falschen Lichtverhältnissen kann es zu Schimmelbildung kommen. Die feinen, gesunden Faserwurzeln der Sprossen werden jedoch leicht mit Schimmel verwechselt, der auffällig modrig und scharf riecht: Verschimmelte Sprossen sollten Sie direkt entsorgen! Auch in den Kühlregalen der Supermärkte finden sich immer häufiger verzehrfertige Sprossen. Das Bundesinstitut für Risikobewertung (BfR) empfiehlt, abgepackte Sprossen möglichst schnell zu verzehren. Menschen mit geschwächtem Immunsystem rät das BfR vom Verzehr ganz ab – eine Folge der EHEC-Epidemie im Jahr 2011. Obwohl bis heute nicht eindeutig geklärt werden konnte, ob tatsächlich Sprossen dafür verantwortlich waren, ist ihr Image durch den Skandal noch immer angekratzt.

Verwendung

Alle Sprossen schmecken frisch und knackig! Die vielfältigen Aromen reichen von süßlich (Getreide wie Weizen, Hafer), mild bis nussig (Linsen, Alfalfa, Kichererbsen) über frisch-würzig (Brokkoli), leicht pikant (Kresse, Rucola) bis hin zu scharf (Rettich, Radieschen). Sprossen werden als Topping für Salate und Suppen verwendet oder auf Brote, Wraps und Sandwiches gegeben. Sie schmecken ebenso zu süßen Gerichten wie Müsli, Joghurt (Seite 60) und Desserts (Seite 156). Auch Omeletts, Gemüsepfannen, Nudel- und Reisgerichte können Sie mit Sprossen bereichern – ein Frischekick für nahezu jedes Gericht!

Rezept zum Bild auf Seite 156

kapitel 5

Desserts & Gebäck

Die Krönung eines Menüs ist ein feines Dessert. Natürlich eignen sich die Rezepte dieses Kapitels aber auch als Snack für zwischendurch. Ob süß wie meine Nusskekse mit Chia und Cranberries, erfrischend und fruchtig wie das Ananas-Carpaccio mit Minzsoße oder cremig wie die Mousse au Chocolat mit Avocado – meine Superfood-Küche hält für jeden Geschmack eine leckere Nachspeise bereit. Desserts und Gebäck kommen ohne weißen Haushaltszucker aus; stattdessen dienen Kokosblütensirup, Honig, Datteln, Mandelmilch, Rohrohrzucker oder Kokosblütenzucker als Süßungsmittel. In Maßen genossen, passen sie in das Clean-Eating-Konzept. Meine liebsten Dessert-Aromen kommen von Nüssen, Früchten, Pfefferminze, Zimt, Carob und Kakao.

Natürlich frisch **einfach** gut

Ananas-Carpaccio mit
Minzsoße und Kakao-Nibs

Für 2 Portionen

1/2 Ananas
2 Stängel Minze
1 Limette
2 EL **Kakao-Nibs**

■ Von der Ananas den Schopf mit den Blättern und das untere Ende abschneiden. Die Ananas aufrecht stellen und die Schale sowie die braunen Stellen („Augen") großzügig abschneiden.

■ Hauchdünne Scheiben von der Ananas abschneiden. Den Strunk in der Mitte jeweils ausschneiden oder ausstechen. Die Ananasscheiben auf zwei Tellern anrichten.

■ Die Minze waschen, trocken tupfen und in dünne Streifen schneiden. Die Limette auspressen und den Saft mit der Minze vermengen. Die Minzsoße über den Ananasscheiben verteilen und mit den Kakao-Nibs garnieren.

Tipp

Statt Kakao-Nibs können Sie auch andere Superfoods wie Gojibeeren, Cranberries oder geschälte Hanfsamen verwenden.

Bananensplit mit Kakao-Nibs und Gojibeeren

Für 2 Portionen

2 Bananen
4 EL Erdnussbutter (siehe unten)

■ Die Bananen schälen und längs halbieren. Die Schnittflächen mit Erdnussbutter bestreichen. Die Kakao-Nibs und die Gojibeeren gleichmäßig darauf verteilen.

2 EL **Kakao-Nibs**
2 EL **Gojibeeren**

Info
Erdnussbutter wird oft viel Zucker zugesetzt. Pur und ohne Zusätze gibt es sie beispielsweise im Bioladen. Oder Sie machen die Erdnussbutter einfach selbst: Die rohen Erdnüsse in einem Hochleistungsmixer mehrfach kurz auf höchster Stufe mixen. Dabei immer wieder eine Pause einlegen und die Erdnussmasse von den Seiten des Mixers nach unten schieben, bis die Masse cremig ist. Bei Bedarf etwas Erdnussöl hinzufügen.

Mousse au Chocolat
mit Avocado

Für 2 Portionen

1 reife **Avocado**
2 frische oder
getrocknete
Datteln
2 EL rohes
Kakaopulver
100 ml Mandel-
milch
1 EL **Kakao-Nibs**
Rohes **Kakao-
pulver** zum
Garnieren

■ Die Avocado längs halbieren und mithilfe eines Esslöffels zuerst den Kern entfernen und dann das Fruchtfleisch aus der Schale lösen. Die Datteln entkernen.

■ Das Fruchtfleisch der Avocado mit den Datteln, dem Kakao-pulver und der Mandelmilch pürieren. Auf 2 Dessertgefäße ver-teilen und mit Kakao-Nibs und etwas Kakaopulver garnieren.

Tipp

Die Avocado
kann auch durch
1 Banane ersetzt
werden. Für mehr
Süße noch 1 bis
2 Datteln oder
etwas Kokos-
blütenzucker da-
zugeben – auch
ein Nussmus
passt gut.

Im Porträt: **Kakao**

Bei „Kakao" denken die meisten an das bekannte süße Getränk mit Milch. Das war jedoch in seiner Urform bitter-scharf und wurde von den Ureinwohnern Südamerikas „Xocolatl" genannt („Xococ": bitter, „atl": Wasser). Sie stellten es aus zerstoßenen Kakaobohnen, Wasser, Chili und Vanille her. Im Jahr 1544 brachte der spanische Eroberer Hernán Cortés die Kakaobohne samt „Xocolatl"-Rezept dem zukünftigen König von Spanien. Doch der rohe, bittere Kakao fand wenig Zuspruch. Erst als man ihn im 17. Jahrhundert mit Milch und Zucker mischte, wurde er zum hochgeschätzten Getränk. Im 18. Jahrhundert verlieh der Botaniker Carl von Linné dem Kakaobaum den botanischen Namen *Theobroma Cacao*, was „Speise der Götter" bedeutet und an die Wertschätzung der Azteken erinnert. Tatsächlich enthält roher Kakao neben Magnesium, Kalzium und Ballaststoffen besonders wertvolle Antioxidantien wie Polyphenole bzw. Flavonoide. Sie halten Herz und Kreislauf gesund und können Erkrankungen wie Herzinfarkt und Schlaganfall vorbeugen. Sie machen die Blutgefäße elastischer, wirken leicht blutdrucksenkend und entzündungshemmend. Auch positive Effekte auf unser Gehirn und die Reaktionsschnelligkeit konnten gezeigt werden. Außerdem enthält Kakao die „Glückshormone" Dopamin und Serotonin: Das sorgt für Entspannung, reduziert Stress und steigert das Wohlbefinden.

Kakao und Schokolade als Superfood? Ja – aber die wertvollen Flavonoide des Kakaos werden zerstört, sobald er zu stark erhitzt wird oder Kuhmilch hinzugefügt wird. Herkömmliches Kakaogetränkepulver und Milchschokolade werden in der Regel über 130 °C erhitzt und enthalten meist mehr Zucker als Kakao, dazu kommen Milchpulver und Aromastoffe – diese Zubereitungen sind alles andere als clean. Gesund sind dagegen rohes Kakaopulver, dunkle Schokolade mit einem hohen Kakaoanteil in Rohkost-Qualität und Kakao-Nibs, die nicht über 42 °C erhitzt wurden. Eine cleane und leckere Trinkschokolade lässt sich aus rohem Kakaopulver und Mandelmilch zubereiten. Kakao ist also ein überaus wohltuendes Lebensmittel – wenn man unverarbeitete Produkte auswählt und das leckere, aber auch fettreiche Glück in Maßen genießt. Für mich persönlich gilt außerdem: Auch wenn Kakao in roher Form am gesündesten ist, verwende ich ihn gerne mal zum Backen – abwechselnd mit dem Rohverzehr passt das gut in mein Clean-Eating-Konzept.

Verwendung

Ich habe mich schnell an den vergleichsweise herben Geschmack von rohem Kakaopulver gewöhnt. Ich verwende es gerne für Smoothies, Joghurt, Mousse au Chocolat (siehe links) oder für Gebäck (Walnuss-Brownies, Seite 156). Kakao-Nibs, die 2 bis 3 mm großen, geschälten und gebrochenen Kakaobohnen, eignen sich wunderbar als Topping für Frühstücksgerichte (Overnight Oats Schoko-Himbeere, Seite 52) oder Desserts (Ananas-Carpaccio, Seite 148, und Bananensplit, Seite 149).

Walnuss-Brownies mit Maca und Carob

Für ca. 8 Stück

100 g Dinkelvoll-
kornmehl
50 g rohes
Kakaopulver
2 EL **Carob-
Pulver**
1 EL **Maca-Pulver**
1 TL Weinstein-
Backpulver
Salz
1 Msp. Vanillepul-
ver oder -mark
30 g Butter
2 Eier
150 g (Soja-)
Joghurt
5 EL Honig
5 EL **Walnuss-
kerne**
etwas Butter
oder Öl für die
Backform

■ Den Backofen auf 180°C vorheizen (Ober- und Unterhitze).

■ Das Mehl in eine Schüssel sieben und mit Kakao, Carob, Maca, Backpulver, Salz und Vanille vermengen.

■ Butter, Eier, Joghurt und Honig dazugeben und mit einem Handmixer zu einem glatten Teig verrühren.

■ Die Walnusskerne grob hacken und unter den Teig mischen. Eine Brownie-Backform (ca. 26 x 20 cm) einfetten, den Teig hineingeben und mithilfe eines Esslöffels oder Teigschabers glatt streichen.

■ Etwa 25 bis 30 Minuten auf der mittleren Schiene backen (siehe Tipp). Abkühlen lassen und den Teig in ca. 8 Stücke schneiden.

Tipp
Behalten Sie die Brownies gegen Ende der Backzeit gut im Auge. Da sie innen schön saftig sein sollen, muss bei der Stäbchenprobe (siehe Seite 58) noch etwas Teig am Stäbchen hängen bleiben. Wärmt man sie vor dem Verzehr nochmals kurz im Backofen auf, schmecken sie besonders gut.

Im Porträt: **Maca**

Dieses Superfood stammt aus den peruanischen Anden: Die gelben, roten oder schwarzen Wurzeln der Maca-Pflanze (*Lepidium meyenii*) werden dort seit über 2000 Jahren als Grundnahrungsmittel angebaut und als Heilpflanze verehrt. Besonders die indigenen Völker schätzen Maca aufgrund ihres außergewöhnlichen Nährwertes und ihrer stark vitalisierenden Wirkung. Die widerstandsfähige Pflanze hat sich dem rauen Klima der Hochebene hervorragend angepasst: Sie trotzt Wind, Kälte, starken Temperaturschwankungen und einer hohen UV-Strahlung. Im übertragenen Sinn soll der Verzehr von Maca auch unsere Leistungs- und Widerstandsfähigkeit erhöhen, bei Abgeschlagenheit neue Kraft spenden und die Psyche gegen Stress stabilisieren.

Noch ist Maca bei uns ein Geheimtipp – aber die Nachfrage ist in den letzten Jahren sprunghaft angestiegen. Der „peruanische Ginseng" wird besonders wegen seiner aphrodisierenden Wirkung immer bekannter. Das naturheilkundliche Spektrum ist jedoch groß: Steigerung von Fruchtbarkeit, Potenz und Libido, ausgleichende Wirkungen auf den Hormonhaushalt, unterstützend bei Menstruations- und Wechseljahrbeschwerden, Senkung des Cholesterinspiegels, Stärkung des Immunsystems und der allgemeinen Leistungsfähigkeit. Neben Muskelaufbau fördert Maca die geistige Wachheit. Auch Stoffwechsel und Verdauung werden unterstützt. Es gibt zahlreiche Studien über die gesundheitlichen Wirkungen bei längerfristiger Einnahme, dennoch gilt die Wirksamkeit der Heilpflanze bei uns als nicht belegt. Unbestritten ist dagegen, dass die rundlichen, etwa radieschengroßen Knollen einen erstaunlich hohen Nährwert besitzen. Neben allen essenziellen Aminosäuren, Kohlenhydraten, wertvollen Fettsäuren, hochwertigen Proteinen und Sterolen enthalten sie auch zahlreiche Vitamine, Mineralstoffe, Senfölglykoside und Antioxidantien. Übrigens gedeiht Maca auch bei uns als einjährige Pflanze – und wächst sogar im Balkonkasten!

Verwendung

In ihrer Heimat werden die Knollen meist gebacken oder getrocknet und zu einem süßen Brei gekocht, dem „Mazamorra". Bei uns ist Maca in Kapselform, als flüssiger Extrakt oder als Pulver erhältlich; Letzteres passt am besten in das Clean-Eating-Konzept. Das Aroma ist leicht erdig und herb, gleichzeitig auch süßlich bis karamellartig. Nicht jeder empfindet den Geschmack als angenehm; es kommt aber auf die Zubereitung an. Besonders gut harmonieren Schokolade- und Vanillenoten. Für einen **heißen Maca** einfach eine Tasse Kuh- oder Pflanzenmilch erhitzen und 2 bis 3 TL Maca-Pulver unterrühren. Wer mag, gibt noch Honig, Kokosblütensirup oder Zimt dazu. Das Getränk kann gut den morgendlichen Kaffee ersetzen; es macht auch ohne Koffein wach für den Tag. Das Pulver eignet sich zum Backen (Seite 152), für Desserts oder Smoothies (Seite 34 und 37) oder für Herzhaftes (Falafel, Seite 103).

Dattel-Pralinen im Erdnussmantel

Für 5 Stück

100 g entsteinte, getrocknete **Datteln**
4 EL Vollkorn-Haferflocken
1/2 TL Zimtpulver
4 EL ungesüßte Cornflakes (100 % Mais)
100 g geröstete, ungesalzene Erdnusskerne
20 g geröstete, ungesalzene Pistazien

■ Datteln, Haferflocken und Zimt in einem Hochleistungsmixer zu einer homogenen Masse mixen. 5 Kugeln daraus formen, bei Bedarf noch wenig Wasser dazugeben.

■ Die Cornflakes mit Erdnüssen und Pistazien mixen. Die Masse in 5 Portionen aufteilen und jeweils dünn ausrollen. Je 1 Dattel-kugel daraufsetzen und mit der Erdnussmasse ummanteln, bei Bedarf etwas befeuchten.

■ 30 Minuten im Kühlschrank ruhen lassen und servieren.

Tipp

Die Pralinen sind im Kühlschrank mindestens 1 Woche haltbar. Statt die Dattel-Pralinen mit der Erdnussmasse zu ummanteln, können Sie auch zwei verschiedene Pralinensorten herstellen.

Pfirsiche mit Sprossenfüllung

Für 2 Portionen

2 Pfirsiche
80 g Ricotta-Käse
1/2 TL Ceylon-Zimtpulver
1/2 TL **Carob-Pulver**
1 EL **Kakao-Nibs**
4 EL gemischte **Sprossen**, z. B. Mungobohnen, Radieschen, Weizen
Kakao-Nibs zum Garnieren

■ Die Pfirsiche waschen, trocken tupfen, halbieren und entstei-nen.

■ Ricotta mit Zimt, Carob-Pulver und Kakao-Nibs verrühren und mit einem Löffel auf den Pfirsichhälften verteilen.

■ Mit Sprossen und Kakao-Nibs garnieren.

Das Bild zum Rezept finden Sie auf Seite 146.

Tipp

Statt Carob-Pulver können Sie auch rohes Kakaopulver verwenden. Wer Zimt nicht mag, nimmt einfach etwas mehr Carob- oder Kakaopulver.

Für 2 Portionen
(8 Stück)

8 getrock-
nete oder frische
Datteln
3 EL Frischkäse
2 EL Kokos-
blütensirup oder
Honig
1 EL rohes
Kakaopulver
1 EL **Carob-
Pulver**
2 EL gesalzene
Pistazienkerne
einige Pista-
zienkerne zum
Garnieren

Schoko-Datteln

■ Die Datteln längs zur Hälfte einschneiden und entkernen.

■ Frischkäse, Kokosblütensirup, Kakao und Carob mithilfe einer Gabel vermengen.

■ Die Pistazienkerne sehr fein hacken, dazugeben und gut vermischen.

■ Die Schokocreme mithilfe eines Teelöffels in die Datteln füllen. Mit Pistazien garnieren.

Tipp

Statt mit Pistazien können Sie die Datteln auch mit leicht gesalzenen, fein gehackten Mandeln füllen.

Im Porträt: **Datteln**

Das „Brot der Wüste", wie die Frucht auch genannt wird, ist ein Grundnahrungsmittel der Wüstennomaden. In ihren Heimatländern wie Ägypten, Pakistan, Saudi-Arabien und dem Iran wird die Dattelpalme (*Phoenix dactylifera*) seit über 5000 Jahren kultiviert. Datteln zählen botanisch zu den Beeren; weltweit werden bis zu 1500 verschiedene Sorten vermutet. Sie unterscheiden sich durch ihre Farbe, die von hell- bis dunkelbraun über goldgelb bis rötlich variiert. Auch Größe, Festigkeit des Fruchtfleischs, Zuckergehalt und Aroma können ganz verschieden sein.

Getrocknete Früchte sind gut zu transportieren und durch ihren hohen natürlichen Zuckergehalt (60 bis 70 %) sehr lange haltbar. Trotz des hohen Fruchtzuckeranteils sind Datteln, in Maßen genossen, keine Dickmacher. Vielmehr sind sie eine gesunde Alternative zu Süßigkeiten und Haushaltszucker – und dazu schnelle Energiespender! Deswegen schätzen auch Sportler den Clean-Eating-Snack. Datteln versorgen uns mit wichtigen Mineralstoffen, die beispielsweise beim Schwitzen verloren gehen. So auch Magnesium und Kalium, die gut für Herz und Muskeln sind. Dazu kommen Eisen, Folsäure, Zink und reichlich Kalzium. Die Früchte besitzen zudem die Vitamine A, B, C und D. Kalium und B-Vitamine können den Blutdruck senken, die vielen Ballaststoffe regen die Verdauung an, beugen Heißhunger vor und sorgen für eine lang anhaltende Sättigung. Datteln enthalten außerdem die Aminosäure Tryptophan, aus der im Körper Melatonin entsteht. Das sogenannte „Schlafhormon" wirkt Nervosität, Unruhe und Einschlafproblemen entgegen.

Verwendung

Gemein ist allen Dattelsorten der intensiv süße, karamellartige Geschmack. Datteln sind frisch, getrocknet oder tiefgefroren erhältlich. Als natürliches Süßungsmittel nutze ich eine selbst gemachte **Dattelpaste**, die in Maßen genossen gut in das Clean-Eating-Konzept passt. Dazu einfach 200 g Datteln entkernen, mit 100 ml Wasser übergießen und 30 Minuten einweichen. Dann zu einer Paste pürieren oder mixen und in ein Schraubglas füllen. Im Kühlschrank ist die Paste mindestens 1 Woche haltbar. Sie eignet sich zum Verfeinern von Süßspeisen, Backwaren und Getränken, aber auch für herzhafte Speisen wie Salate oder asiatische Gerichte. Als gesunder Snack für zwischendurch genieße ich die Früchte pur, als Pralinen im Erdnussmantel (Seite 156) oder als gefüllte Schoko-Datteln (Seite 158). Herzhaft wird es bei den Datteln im Zucchinimantel (Seite 66) oder beim Salat mit Datteln und Pistazien (Seite 92).

Quinoa-Cookies
mit Cranberries

Für 6–8 Stück

80 g weiße
Quinoa
150 g Dinkelvoll-
kornmehl
20 g gemahlene
Mandeln
1 TL Weinstein-
Backpulver
Salz
50 g weiche
Butter
20 g Rohrohr-
zucker

■ Die Quinoa in einem Sieb unter fließendem, kaltem Wasser gründlich abspülen, bis das Wasser klar bleibt. 160 ml Wasser aufkochen und die Quinoa 10 Minuten bei wenig Hitze darin köcheln, zwischendurch umrühren. Abgießen und abkühlen lassen.

■ Den Backofen auf 175 °C vorheizen (Ober- und Unterhitze).

■ Die Quinoa in einer Schüssel mit Dinkelvollkornmehl, Mandeln, Backpulver und Salz vermengen. Butter, Rohrohrzucker, Cranberries und Mandelmilch dazugeben. Mit einem Handrührgerät (Knethaken) zu einem Teig verarbeiten.

■ Mit den Händen 6 bis 8 flache Kekse formen und auf ein mit Backpapier ausgelegtes Backblech legen.

■ Die Cookies auf der mittleren Schiene etwa 20 Minuten backen.

80 g getrock-
nete, ungesüßte
Cranberries
150 ml Mandel-
milch

Superfruits-Salat

Für 2 Portionen

100 g **Heidel-beeren**
1 Apfel
1/2 Ananas
1 Banane
1 Kiwi
1/2 Mango
100 g Erdbeeren
1 **Zitrone**
2 Stängel frische Minze
2 EL **Gojibeeren**

■ Die Heidelbeeren waschen und abtropfen lassen. Den Apfel waschen, von Kerngehäuse und Stiel befreien und in Würfel schneiden.

■ Die Ananas schälen. Den harten Strunk und die braunen „Augen" herausschneiden. Das Fruchtfleisch in kleine Würfel schneiden.

■ Banane, Kiwi und Mango schälen und in Würfel schneiden. Die Erdbeeren waschen, vom Strunk befreien und klein würfeln.

■ Die Zitrone auspressen und den Saft mit den gewaschenen, klein gehackten Minzeblättchen und den Gojibeeren unter den Superfruits-Salat mischen.

Tipp

Auch die roten „Fruchtperlen" eines frischen Granatapfels sind eine wunderbare Bereicherung für Obstsalate. Minze und Goji-beeren sorgen für aromatische Frische.

Nusskekse mit Chia
und Cranberries

Für ca. 15 Stück

225 g Roggen-
vollkornmehl
150 g kalte Butter
40 g Rohrohr-
zucker
Salz
1 Ei
5 EL Mandeln
5 EL **Walnuss-
kerne**
30 g **Chia-
Samen**
4 EL getrocknete,
ungesüßte
Cranberries
1/2 unbehandelte
Zitrone
1/8 l Milch

▮ Das Mehl in eine Schüssel sieben. Die Butter in kleine Stücke schneiden und mit dem Rohrohrzucker, Salz und Ei zum Mehl geben. Mit den Händen zu einem glatten Mürbeteig verkneten. Den Teig in Frischhaltefolie einwickeln und 1 Stunde im Kühlschrank ruhen lassen.

▮ Mandeln, Walnusskerne und Chia-Samen fein mixen oder mahlen und in eine Schüssel geben. Die Cranberries grob hacken und hinzufügen. Die Zitrone mit heißem Wasser abwaschen und abtrocknen. Von einer Zitronenhälfte die Schale abreiben und den Saft auspressen, beides in die Schüssel dazugeben. Die Milch aufkochen, dazugießen und alles mit einem Kochlöffel verrühren. Die Füllmasse 15 Minuten quellen lassen.

▮ Den Teig zwischen 2 Lagen Frischhaltefolie in Form eines Quadrats ausrollen (ca. 3 mm dünn). Etwa 15 kleine Quadrate (ca. 6 x 6 cm) ausschneiden.

▮ Den Backofen auf 180 °C vorheizen (Ober- und Unterhitze).

▮ In die Mitte der Teig-Quadrate jeweils 1 TL Füllmasse geben. Jeweils 2 gegenüberliegende Ecken zur Mitte hin übereinander klappen und vorsichtig festdrücken.

▮ Die Nusskekse auf einem mit Backpapier ausgelegten Backblech verteilen und etwa 15 Minuten auf der mittleren Schiene backen.

Im Porträt: **Carob**

Carob oder auch Caroben sind die Hülsenfrüchte des Johannisbrotbaums (*Ceratonia siliqua*), der vor allem rund ums Mittelmeer gedeiht. Der Name Johannisbrot geht auf eine Legende zurück: Johannes der Täufer soll sich in der Wüste von Carob ernährt haben. Bei der Ernte werden die schokoladenbraunen Schoten zwischen August und Oktober vom Baum geschlagen und reifen dann nach. Vor Ort verzehrt man sie frisch oder getrocknet, pur oder verarbeitet als Sirup, Saft („Kaftan") oder Kaftan-Honig. Bei uns ist Carob als Pulver erhältlich, gewonnen aus dem getrockneten, gemahlenen und teilweise gerösteten Fruchtfleisch. In den nahrhaften Schoten stecken zudem harte Samen, aus denen Johannisbrotkernmehl gemacht wird – ein praktisches und glutenfreies Binde-, Verdickungs- und Backtriebmittel.

Das Pulver schmeckt von Natur aus süß. Mit seinem fruchtigen, karamellähnlichen Aroma kann man es in vielen Rezepten als geschmackliche Abwechslung zu Kakao verwenden. Verglichen mit herkömmlich verarbeitetem Kakaopulver, das Milchpulver und Haushaltszucker enthält, ist es eine gesunde und laktosefreie Alternative (Carob-Kakao, siehe unten). Generell weist Carob im Unterschied zu grünem oder schwarzen Tee und Kaffee keine anregenden Inhaltsstoffe wie Koffein und Theobromin auf, weshalb es auch für Kinder gut geeignet ist. Carob besitzt jede Menge verdauungsfördernde Ballaststoffe und Proteine, die Vitamine A und B sowie viel Kalzium und Eisen. Es ist reich an antioxidativ wirksamen Polyphenolen, die sich vor allem positiv auf das Herz-Kreislauf-System auswirken. In der Naturheilkunde wird Carob auch als verdauungsregulierend beschrieben – sowohl bei Verstopfung als auch bei Durchfall. Der regelmäßige Verzehr des fettarmen Carob-Pulvers soll zudem die Blutfettwerte senken und gleichzeitig die Fettverbrennung anregen.

Verwendung

Die meisten gesunden Inhaltsstoffe stecken nicht im gerösteten, dunkelbraunen Pulver, sondern im rohen, hellbraunen Carob – das ich daher ausschließlich verwende. Trotz des eigenen Geschmacks ähnelt rohes Carob-Pulver rohem Kakaopulver, ist aber weniger bitter und herb. Kakaopulver kann in jedem Rezept 1:1 durch Carob-Pulver ersetzt werden, wobei Carob deutlich süßer schmeckt: Durch den hohen Fruchtzuckeranteil wird Carob auch gerne als natürliches Süßungsmittel verwendet. Desserts und Gebäck, selbst zubereitete Nussmilch und Nussmus erhalten durch Carob ein neues und besonderes Aroma (Walnuss-Brownies, Seite 152, und Schoko-Datteln, Seite 158). Es eignet sich für Marmorkuchen genauso wie für Mousse, Cremes, Eis, Pudding oder Getränke. Für einen **Carob-Kakao** einfach 1 Tasse (pflanzliche) Milch erwärmen und 1 TL Carob-Pulver unterrühren.

Register

Rezepte

Superfoods im Porträt

Bildnachweis

Fotolia
U1, S. 2, 3, 4 links, 4 Mitte, 4 rechts, 5 links, 5 Mitte, 5 rechts, 13, 15, 17, 19, 21, 25, 48, 62, 72, 78, 86, 100, 114, 124, 128, 136, 144, 154, 164, Coverfoto

Hannah Frey
S. 28, 31, 32, 35, 36, 40, 43, 47 beide, 50, 53, 54, 57, 59, 61, 64, 66, 67, 68, 70, 71, 74, 75, 77, 80, 83, 85, 88, 89, 91, 92, 94, 95, 96, 99, 102, 104, 105, 106, 108, 109, 110, 112, 113, 116, 117, 119, 120, 121, 123, 126, 127, 131, 132, 134, 135, 138, 139, 140, 142, 143, 146, 148, 149, 150, 153, 157, 158, 160, 161, 163

iStockphoto
S. 11, 38, 44

Franziska Schädel
U4, S. 7, 8, 27

© h.f.ullmann publishing GmbH

Projektleitung, Redaktion und Lektorat: Julia Genazino
Layout und Gestaltung: Christine Paxmann text • konzept •grafik, München

Alle Rezepte dieses Buches wurden mit Sorgfalt zusammengestellt und überprüft. Eine Garantie kann jedoch nicht übernommen werden.

Gesamtherstellung: h.f.ullmann publishing GmbH, Potsdam

Printed in Germany, 2017

ISBN 978-3-8480-1134-6

10 9 8 7 6 5 4 3 2 1
X IX VIII VII VI V IV III II I

www.ullmannmedien.com
info@ullmannmedien.com
facebook.com/ullmannmedien
twitter.com/ullmannmedien